ECODARMA

DAVID LOY

ECODARMA

ENSINAMENTOS BUDISTAS
PARA A URGÊNCIA ECOLÓGICA

Tradução
Monja Tchoren e José Eishin Sensei

Copyright © 2018 David Loy

Todos os direitos reservados. Nenhuma parte deste livro pode ser reproduzida ou usada de qualquer maneira sem permissão por escrito dos proprietários dos direitos autorais ou da editora, exceto para o uso de citações em resenhas de livros.

Coordenação Editorial
Isabel Valle

Tradução
Monja Tchoren e José Eishin Sensei

Capa
Luiza Chamma

A imagem da capa faz referência ao Buda Avalokiteshvara, com seus quatro braços.

ISBN 978-65-89138-16-7

www.bambualeditora.com.br
conexao@bambualeditora.com.br

Para Joanna Macy,
Bhikkhu Bodhi,
Guhyapati,
e todos os outros ecosatvas

Há uma notícia boa e uma notícia má. A má: a civilização, como a conhecemos, está prestes a findar. Agora a boa notícia: a civilização, como a conhecemos, está prestes a findar.

– SWAMI BEYONDANANDA
(também conhecido como Steve Bhaerman)

SUMÁRIO

Nota do autor	11
Prefácio do autor à edição brasileira	13
Prefácio à edição brasileira – Jorge Koho Mello	17
Introdução: Num precipício?	21
1 O problema é a mudança climática?	39
2 A crise ecológica é também uma crise budista?	65
3 O que estamos negligenciando?	97
4 Será o mesmo problema?	121
5 E se for tarde demais?	143
6 O que devemos fazer?	171
Posfácio: Uma espécie pródiga?	195

Apêndices

1 A hora de agir é agora: Uma Declaração Budista sobre a Mudança Climática	201
2 Dezesseis Princípios Fundamentais do Darma para enfrentar a mudança climática	207
3 Caindo na real sobre a mudança climática	211
4 Os votos de ecosatva	215
5 O Rocky Mountain Ecodharma Center	217
Agradecimentos e créditos	219
Os tradutores	221

Nota do autor

Como os leitores de meus outros livros talvez saibam, gosto de citações. Um insight expresso de forma precisa e sucinta é algo a ser saboreado. Encorajo os leitores deste livro a dedicarem tempo à reflexão sobre as citações que precedem cada capítulo.

Prefácio do autor à edição brasileira

> O coronavírus é uma revelação viva que está morrendo de vontade de nos mostrar quem somos e nosso lugar no universo. É crucialmente importante que saibamos que nos é revelado. Nossa própria sobrevivência depende de receber sua mensagem.
> – Paul Levy

Desde que a versão original em inglês do Ecodharma foi publicada em 2019, o mundo mudou drasticamente - de maneiras que reforçam sua mensagem básica. Este livro começa enfatizando que a emergência climática, por mais urgente que seja, é apenas a ponta de uma crise ecológica muito maior – o desafio máximo que a humanidade já enfrentou. Tão grande, na verdade, que é difícil ignorar a implicação: nossa civilização agora global é autodestrutiva. Ela precisa ser fundamentalmente transformada.

No espaço de alguns meses no início de 2020, uma série de crises em cascata ampliou essa mensagem de várias maneiras. Uma pandemia viral mortal expôs governos incompetentes em todo o mundo, muitas vezes com sistemas de saúde inadequados (nos Estados Unidos, por exemplo, não temos um sistema nacional de saúde, apenas uma indústria de saúde fragmentada). Quarentenas e bloqueios paralisaram grande parte da atividade econômica e expuseram o aumento do fosso entre pessoas ricas e pobres na maioria dos países. A recessão global pode ainda desencadear um colapso econômico mundial.

No Brasil, no momento em que este prefácio é escrito, mais de 610.000 pessoas morreram de Covid-19. Essa crise de saúde se soma às contínuas crises socioambientais decorrentes do ataque aos direitos territoriais dos povos indígenas, de comunidades tradicionais e dos camponeses. A degradação do meio ambiente continua piorando. No ano passado, a taxa de desmatamento da Amazônia foi 57% maior do que no ano anterior - a pior dos últimos dez anos, segundo o Instituto "Homem e Meio Ambiente da Amazônia" (Imazon).

Este é um momento extremamente difícil, mas também promissor. Apesar de toda a propaganda, o "velho normal" (agora desaparecido para sempre) nunca foi bom para a maioria das pessoas, e certamente não para a biosfera. Todos os problemas mencionados acima, inclusive a pandemia, estão profundamente enraizados; o que é novo é nossa crescente consciência deles. A pausa econômica, na verdade, teve pouco efeito nas emissões de carbono ou no ritmo de outras degradações ambientais, mas a resposta à Covid-19 nos ajuda a perceber que a mudança social pode acontecer muito rapidamente, quando percebida como necessária.

Esses exemplos destacam o desafio à nossa consciência coletiva. A ameaça ecológica, por si só, é cem ou mil vezes mais perigosa para a humanidade do que a pandemia, mas vamos acordar a tempo de "responder adequadamente" (como o koan Zen nos incentiva a fazer)?

Não há nada de acidental nesses surtos, como o do vírus Covid-19; eles são previsíveis. De acordo com Inger Andersen, diretora executiva do Programa Ambiental das Nações Unidas, tanto a pandemia de coronavírus e quanto a crise climática em curso são ambas mensagens da natureza: a humanidade está colocando pressões em demasia sobre o mundo natural, com consequências catastróficas. A natureza avisa que deixar de cuidar do planeta significa que não estamos cuidando de nós mesmos. Embora nossa prioridade imediata deva ser prevenir a propagação do coronavírus, "nossa resposta de longo prazo deve abordar a perda de habitat e biodiversidade. Nunca antes existiram tantas oportunidades para os patógenos passarem da natureza e dos animais

PREFÁCIO DO AUTOR À EDIÇÃO BRASILEIRA 15

domésticos para pessoas. Nossa erosão contínua de espaços selvagens nos aproximou desconfortavelmente de animais e plantas hospedeiros de doenças que podem atingir os humanos".

Andersen aponta que três quartos de todas as doenças infecciosas emergentes vêm de exposição à vida selvagem. Ebola, síndrome respiratória do Oriente Médio (Mers), síndrome respiratória aguda grave (Sars), vírus do Nilo Ocidental e vírus Zika, entre muitos outros, todos passaram de animais para humanos. A comunidade global tem sido relativamente afortunada em limitar o contágio, mas era apenas uma questão de tempo antes que algo como a pandemia de Covid-19 acontecesse, dada a erosão contínua de espaços selvagens a que se refere Andersen. Apesar disso, o problema básico é muito maior do que tais intrusões, como aponta Vandana Shiva:

> Novas doenças estão sendo criadas devido a um modelo agrícola de alimentação globalizada, industrializada e ineficiente que está invadindo o habitat ecológico de outras espécies e manipulando animais e plantas sem respeitar sua integridade e sua saúde [...] A emergência sanitária para a qual o coronavírus está nos acordando está conectada à emergência de extinção e desaparecimento de espécies, e está ligada à emergência climática. Todas as emergências estão enraizadas em uma visão de mundo mecanicista, militarista,antropocêntrica, de humanos como separados e superiores a outros seres que podemos possuir, manipular e controlar. Também estão enraizadas em um modelo econômico baseado na ilusão de crescimento ilimitado e ganância ilimitada, que sistematicamente viola os limites planetários e a integridade do ecossistema e das espécies.

A pandemia de coronavírus revela o óbvio, que somos um - gostemos ou não. A emergência climática e a crise ecológica maior fazem o mesmo, mas aparentemente isso não foi dramático o suficiente para que prestemos atenção à lição. Quando os Estados Unidos queimam combustíveis fósseis, essas emissões de carbono não se restringem às fronteiras nacionais. Quando o Japão lança resíduos nucleares no oceano, essas toxinas não permanecem nas águas territoriais japonesas. Isso expõe um problema básico com a coleção mundial de mais de duzentos pequenos deuses (nações-estado), cada um responsável por nada além de si mesmo, embora cercado por seus vizinhos. Desafiando as agendas sectárias que prevalecem hoje, a eco-crise, como a pandemia, revela que nossos destinos estão inexoravelmente ligados.

Mas a Covid-19 nos lembra que somos todos um de outra forma ainda mais básica: organicamente nossos corpos e a terra são um só corpo. Cada um de nós faz parte de um grande sistema holístico que circula através de nós. Além disso, os biólogos nos dizem que existem mais micróbios em nosso corpos - bactérias e vírus - do que o número de nossas próprias células, e que a maioria deles são não apenas benéficos, mas essenciais para nossa saúde.

É hora de percebermos as implicações maiores. A fonte essencial da pandemia é a mesma que este livro identifica como a fonte essencial da crise ecológica: nosso senso individual e coletivo de separação da terra. A menos que encontremos maneiras de abordar essa delusão, não devemos esperar nenhum futuro no qual seremos felizes.

Fomos avisados.

DAVID LOY

Outubro, 2021

Boulder, Colorado

Prefácio à edição brasileira

Em um misto de alegria e honra, recebi o convite de colaborar com o prefácio à edição brasileira deste livro. Pela sabedoria compassiva do autor e pela lucidez e importância histórica da obra, sinto que temos o mérito de receber a síntese de uma visão gerada e nutrida pela prática sincera de décadas, aliada ao trabalho de uma mente lúcida que tem a generosidade de nos oferecer um panorama realista de nossa situação como espécie e o potencial de nossas escolhas conscientes como praticantes do Caminho.

A análise bem fundamentada da crise planetária serve como passo inicial para qualquer pessoa – seja ou não praticante budista – perceber a urgência de conscientização sobre a urgência de reposicionamento individual e coletivo. Ao traçar as relações entre as crises que nos desafiam e os aspectos de tecnologia, crescimento populacional e sistema econômico dominante, David Loy nos instiga a olhar em profundidade o desafio subjacente característico de nosso momento civilizatório, o de supervalorizar os meios econômicos e tecnológicos, colocando-os acima dos fins a que originalmente deviam servir – o bem-estar da humanidade e de toda a biodiversidade que a sustenta.

Com habilidade, o autor traça o vínculo entre nossos dilemas pessoais e coletivos, entre a crise ecológica e as injustiças sociais, e define com clareza como e porque a ecocrise representa um desafio também de natureza espiritual, o que terá efeitos imediatos na possibilidade de vermos o acolhimento desses desafios como oportunidade de clarificar a compreensão dos ensinamentos, e de manifestar no cotidiano nossas aspirações, de praticar com coerência e integridade.

Na minha opinião, um dos aspectos mais notáveis da maestria de David Loy reside na sua capacidade de explanar conceitos fundamentais dos ensinamentos tradicionais budistas e relacioná-los de forma acessível e direta às nossas realidades como seres humanos engajados na sociedade. Dessa forma, surge uma ponte entre os conceitos e nossas ações viáveis e responsáveis, necessárias e adequadas ao contexto no qual nos relacionamos.

Ao lermos sobre temas budistas como a delusão inicial de uma substancialidade do eu, a Unidade de toda a Vida, e o valor de diretrizes básicas na Prática, como os Preceitos éticos, as Moradas Divinas e as Paramitas ("perfeições mais elevadas"), vemos surgir uma transição natural da noção de uma possível culpa, que pode nos desestimular e desorientar, para um senso de responsabilidade sistêmica, o qual nos chama à ação imediata, sem apego aos resultados e com plena atenção a fazer o que é possível, onde estamos, com os recursos de que dispomos.

Essa possibilidade de ativismo espiritual inspira-se em uma atitude de não-saber e instrumenta-se na aplicação dos meios hábeis para cada momento, com o uso de todos os ingredientes de que já dispomos, aqui e agora. Neste sentido, como a finalidade de nossas ações deixa de ser um resultado previamente definido, nosso destino passa a ser o ato de caminhar. E aqui a palavra "destino" refere-se tanto a uma possível meta quanto ao fato de que é inevitável que manifestemos nossa Natureza última, à medida que nossas ilusões e delusões se desvanecem.

Na origem do ato de caminhar, vejo um desequilíbrio que nos leva ao movimento que evitará a queda. Sinto que nossas professoras e professores, compassiva e generosamente, compartilham seus ensinamentos sobre a elegância que podemos desenvolver ao acolher os desequilíbrios, e assim aprender e nos colocar em movimento. O portal é oferecido; o que nos cabe é dar os passos necessários e ir além.

Como síntese das reflexões e questionamentos dessa obra, chegamos ao Caminho de Bodisatva, o qual é exposto com referências esclarecedoras. Ao ir além da forma habitual, David Loy nos convida a explorar o potencial do equilíbrio possível entre o caminho individual de prática e a manifestação da mesma prática através do engajamento social, a inquestionável relação entre transformação pessoal e coletiva.

Essa possibilidade é aqui expressa na figura do Ecosatva, que sintetiza a manifestação contemporânea da mente iluminada, ao propor o questionamento radical de como seria possível uma interdependência unilateral, isto é, como eu poderia realizar a natureza-Buda sem a companhia de todos os seres, caminhando comigo, de mãos dadas em contentamento pela liberação das causas e condições de nossos sofrimentos. Nesse sentido, o autor nos oferece exemplos e referências atuais, com destaque para a importância de reintegrarmos o ambiente natural às nossas práticas espirituais, como uma fonte inestimável de inspiração e restauração.

Para finalizar, compartilho aqui meu encantamento com o fato de que, ao longo do texto, muitas vezes refleti sobre algumas belas palavras ligadas à prática budista: aspiração, motivação, meditação. Com elas, aprendi que podemos considerar que a prática pode começar de várias formas, mas ela se conclui e realiza com "ação". Mas é apenas minha opinião... Parafraseando o autor, para mim o que importa, no momento, é que o convite está feito. Vamos: em comunidade será mais fácil redescobrirmos nossa unidade comum, a Unidade de toda a Vida.

Que tenhamos uma boa caminhada e possamos apreciar nossas vidas.

JORGE KOHO MELLO

Suíça, outono de 2021

Introdução

Num precipício?

Não há nenhum exagero em dizer que hoje a humanidade enfrenta o maior desafio de todos os tempos: além de crises sociais crescentes, uma catástrofe ecológica autoimposta ameaça a civilização como a conhecemos e talvez, segundo alguns cientistas, até nossa sobrevivência como espécie. Hesito em descrever isso como *apocalipse*, pois o termo está agora associado ao milenarismo cristão, mas seu significado original certamente se aplica: literalmente, um *apocalipse* é "um descobrimento", a revelação de algo oculto – mostrando neste caso as consequências sinistras do que temos feito à terra e a nós mesmos.

Os ensinamentos budistas tradicionais nos ajudam a despertar individualmente e realizar nossa interdependência com os outros. Agora também precisamos considerar como o budismo pode nos ajudar a despertar e enfrentar esse novo dilema. E como a crise ecológica afeta nosso modo de entender e praticar o budismo? São esses os temas que este livro explora.

O primeiro capítulo, "A mudança climática é o problema?", oferece uma visão geral da nossa atual situação. Embora a urgência avassaladora da mudança climática requeira toda nossa atenção e nosso melhor esforço, ainda assim precisamos perceber que de fato ela não é a questão fundamental que nos confronta hoje. Isso porque "aquecimento global" é apenas parte de uma crise ambiental e social muito maior, que nos obriga a refletir sobre valores e direcionamento de nossa civilização agora global. É necessário enfatizar isso, pois muita gente presume que, se conseguirmos converter rapidamente para fontes renováveis de energia, nossa economia e sociedade podem continuar a funcionar indefinidamente da mesma maneira. Precisamos perceber que a mudança climática é apenas a proverbial ponta do iceberg, sintoma mais urgente de uma situação difícil que tem implicações mais profundas.

O capítulo examina isso ao observar o que está acontecendo com os oceanos, a agricultura, os aquíferos de água doce, os poluentes orgânicos persistentes (POPs), acidentes nucleares, lixo radioativo, população global e – algo preocupante especialmente de uma perspectiva budista – o fato de já estarmos no sexto grande evento de extinção do planeta, no qual uma grande porcentagem das espécies vegetais e animais da Terra estão rapidamente desaparecendo. Esse resumo só pode oferecer um instantâneo: as mudanças estão acontecendo tão rapidamente que muito do que escrevo provavelmente estará desatualizado no momento em que este livro for publicado. Você pode adicionar seu problema "favorito" a essa ladainha (o colapso das colônias de abelhas, alguém?), mas outra dimensão precisa ser enfatizada: a "intersecção" desses problemas ambientais com questões de justiça social como racismo, etnia, gênero, neocolonialismo e classe. Recentemente tem ficado claro que os problemas ecológicos mencionados acima e as estruturas hierárquicas e iníquas da maioria das sociedades humanas não são questões separadas. Em 2016, o movimento de resistência de Standing Rock, em Dakota do Norte, reunindo nativos norte-americanos "protetores da água" com grupos não indígenas, como o de veteranos de guerra, foi um evento marcante na consolidação desses movimentos. Nos últimos anos o budismo americano começou a abordar essas preocupações, inclusive a falta de diversidade dentro de nossas próprias sangas. Essa conversa vem sendo liderada por um número crescente de professores da maioria global[1] – entre eles Mushim Ikeda, Zenju Earthlyn Manuel,

---

1 O termo "pessoas da maioria global" é usado quatro vezes neste livro para traduzir a expressão *people of color*, ou "pessoas de cor". Maioria global é um nome coletivo para os que pertencem à maioria dos seres humanos no planeta Terra. Refere-se a pessoas negras, indígenas, todos os povos asiáticos e todas as miscigenações racialmente rotuladas como "minorias étnicas". Esses grupos representam atualmente cerca de 80% da população do mundo, constituindo portanto maioria global. (Nota dos tradutores.)

INTRODUÇÃO

Rod Owens e Angel Kyodo Williams — que discutem as questões sociais relevantes muito melhor do que posso fazer neste livro.

Em resposta aos desafios ecológicos, muitos ensinamentos budistas podem ser citados, mas este primeiro capítulo concentra-se numa questão recorrente em capítulos posteriores: o problema de meios e fins. A extraordinária ironia é que nos tornamos totalmente obcecados em explorar e abusar o nosso verdadeiro tesouro — uma biosfera florescente com florestas saudáveis e solo fértil, lagos e oceanos cheios de vida marinha e uma atmosfera não poluída — a fim de maximizar algo sem nenhum valor intrínseco, representado por números digitais em contas bancárias. Já que todas as economias do mundo são dependentes integrais da biosfera da Terra, nossa busca de produção e consumo cada vez maiores está perturbando agora os ecossistemas de nosso planeta.

Outro fator importante não deve ser esquecido: abusamos tanto da Terra porque nossa visão de mundo predominante sobre a natureza racionaliza esse abuso. É o nosso (mal)entendimento coletivo do que o mundo é, e de quem somos, que incentiva a obsessão com crescimento econômico e consumo. O momento e o lugar em que a crise ecológica se desenvolveu não foram obras do acaso. A maioria dos problemas discutidos neste capítulo está ligada a uma questionável visão de mundo mecanicista, que explora sem tréguas o mundo natural por não atribuir nenhum valor inerente à natureza e tampouco, aliás, aos humanos, na medida em que também somos vistos como nada mais do que máquinas complexas. Logo, subentende-se que a crise ecológica é algo mais do que um problema tecnológico, um problema econômico, ou um problema político. É também uma crise espiritual coletiva e um potencial momento de virada em nossa história.

Isso nos leva ao tema do capítulo 2: "A crise ecológica é também uma crise budista?". Os desafios ambientais e sociais enfrentados agora vão muito além do sofrimento individual que convencionalmente preocupa o budismo, logo não surpreende que os praticantes e as instituições budistas tenham demorado a se envolver com essas questões. O lado positivo é o claro potencial do budismo para fazer isso. Desde o começo, seus ensinamentos básicos enfatizaram a impermanência e a insubstancialidade, e isso se aplica a ele próprio. O budismo não é apenas o que o Buda disse, mas o que ele iniciou, e o que ele iniciou espalhou-se rapidamente muito além de sua terra natal, interagindo com outras culturas. O chan/zen budismo, por exemplo, floresceu na China graças à fertilização cruzada entre o budismo mahayana e o taoísmo autóctone. Hoje, no entanto, as tradições budistas asiáticas enfrentam o maior desafio de todos os tempos, à medida que se infiltram num mundo pós-moderno hipertecnologizado, secular, globalizado, que pode ser autodestrutivo.

Do lado negativo, alguns ensinamentos budistas tradicionais desencorajam nosso envolvimento social e ecológico. Se o objetivo espiritual é uma salvação individual que envolve não renascer neste mundo de sofrimento, desejo e ilusão, por que deveríamos estar tão preocupados com o que está acontecendo aqui? Em contraste com tal orientação *de outro mundo*, no entanto, muitos budistas contemporâneos colocam em dúvida a existência de qualquer realidade transcendente, sendo céticos quanto ao carma como lei ética de causa e efeito embutida na forma em que o universo funciona. Eles entendem o caminho budista mais psicologicamente, como uma terapia que oferece novas perspectivas sobre o sofrimento mental e novas práticas para promover o bem-estar *deste mundo*. O budismo de outro mundo (que visa escapar deste mundo) e o budismo deste mundo (que nos ajuda a harmonizar melhor com ele) parecem polos opostos, mas geralmente compartilham uma indiferença aos problemas deste mundo. Nenhum dos dois está muito preocupado em ajudá-lo a se tornar um lugar melhor.

Existe outra maneira de entender o ensinamento essencial do budismo. Em vez de tentar transcender este mundo, ou se encaixar melhor nele, podemos despertar e vivenciar o mundo, inclusive nós mesmos, de maneira diferente. Isso envolve desconstruir e reconstruir o sentido do eu, ou (mais precisamente) a relação entre o eu e o mundo. A meditação desconstrói o eu, pois "largamos" os padrões habituais de pensamento, sentimento e ação que o compõem. Ao mesmo tempo, nosso senso de identidade é reconstruído na vida diária, pela transformação dos padrões habituais mais importantes: nossas motivações, que afetam não apenas como nos relacionamos com outras pessoas, mas como as percebemos, a elas e ao mundo em geral, efetivamente. No capítulo 2, essa perspectiva alternativa é explorada pelo destrinchar de um aforismo enigmático de Chogyam Trungpa: "A iluminação é como cair de um avião. A má notícia é que não há paraquedas. A boa notícia é que não há chão".

Quando começamos a acordar e entender que não estamos separados uns dos outros, nem desta Terra maravilhosa, percebemos que as maneiras como vivemos juntos e nos relacionamos com a terra também precisam ser reconstruídas. Isso significa não apenas engajarmo-nos socialmente, como indivíduos ajudando outros indivíduos, mas encontrar meios de abordar as problemáticas estruturas econômica e política que estão profundamente implicadas na eco-crise e nas questões de justiça social que enfrentamos hoje. Em última análise, os caminhos de transformação pessoal e social não são realmente separados um do outro. O engajamento no mundo é como nosso despertar individual floresce, e práticas contemplativas como a meditação fundamentam nosso ativismo, transformando-o em um caminho espiritual.

A resposta budista ao nosso dilema ecológico é o *ecodarma*, novo termo para um novo desenvolvimento da tradição budista. Ele combina preocupações ecológicas (*eco*) com os ensinamentos do budismo e de tradições espirituais relacionadas (darma). O real significado disso e a diferença produzida na forma como vivemos e praticamos ainda estão se desenrolando e, por isso, este livro enfatiza os três componentes ou aspectos que se destacam para mim: praticar no mundo natural, explorar as implicações ecológicas dos ensinamentos budistas e incorporar esse entendimento no ativismo ecológico necessário hoje.

A importância de meditar na natureza é frequentemente subestimada porque suas implicações são negligenciadas. O capítulo 3, "O que estamos negligenciando?", indaga por que fundadores religiosos, com tanta frequência, vivenciam sua transformação espiritual deixando a sociedade humana por um lugar inabitado. Após seu batismo, Jesus foi para o deserto onde jejuou sozinho por quarenta dias e noites. As revelações de Maomé ocorreram quando ele se retirou para a caverna onde foi visitado pelo arcanjo Gabriel. O melhor exemplo, no entanto, talvez seja o do próprio Buda Gautama. Depois de abandonar o lar, ele viveu na floresta, meditou na natureza e despertou sob uma árvore perto de um rio. Quando Mara questionou sua iluminação, o Buda nada disse, mas tocou a terra como testemunha de sua realização. Depois disso, viveu e ensinou principalmente no mundo natural – e também morreu ao ar livre, sob as árvores.

Hoje, em contraste, a maioria de nós medita dentro de edifícios com tela nas janelas, isolada de insetos, sol quente e ventos gelados. Há muitas vantagens nisso, é claro, mas será que algo significativo não se perde também? Quando desaceleramos e redescobrimos nossa conexão primordial com a natureza, torna-se mais evidente que o mundo não é uma coleção de coisas separadas, mas uma confluência de processos naturais que nos incluem. Embora muitas vezes vejamos a natureza de maneira utilitária, o mundo natural é uma comunidade interdependente de seres vivos que nos convida a um tipo diferente de relacionamento.

A implicação é que nos retirar para o mundo natural, especialmente sozinhos, pode interromper nossas maneiras usuais de ver, abrindo-nos para uma alternativa. O mundo, como normalmente o vivenciamos, é um construto social e psicológico estruturado por nossas maneiras de usar a linguagem para agarrar objetos. Nomes não são apenas rótulos, eles identificam as coisas de acordo com suas funções; e assim percebemos nosso entorno geralmente como uma coleção de utensílios a serem usados para atingir nossos objetivos (satisfazer desejos, por exemplo). Ao fazer isso, no entanto, negligenciamos constantemente algo importante sobre o mundo, como William Blake sabia:

> Se as portas da percepção fossem limpas, tudo
> apareceria ao humano como é, infinito.
> Pois o humano se fechou a ponto de ver todas as coisas
> pelas fendas estreitas de sua caverna.

Apegarmo-nos a conceitos, funções e cobiça é o modo de nos fechar. Em ambientes urbanos principalmente, quase tudo que percebemos é utensílio, inclusive a maioria das pessoas, a quem tratamos de maneira utilitária segundo sua função: o motorista de ônibus, o balconista e assim por diante. Em outras palavras, relacionamo-nos com quase tudo e todos como *meio* de obter ou alcançar algo. Cercados por tantas outras pessoas ocupadas em fazer a mesma coisa, fica difícil largar essa forma de relacionamento com o mundo e vivenciá-lo de maneira nova.

Isso tem implicações coletivas e institucionais. As tecnologias estendem nossas faculdades humanas, inclusive nossas habilidades para instrumentalizar o mundo natural. Como escreve o filósofo Michael Zimmerman: "O mesmo dualismo que reduz as coisas a objetos para a consciência está ativo no humanismo que reduz a natureza a matéria-prima para a espécie humana". Isso levanta questões cada vez mais importantes sobre o conceito de propriedade, construto social que deve ser reconsiderado e reconstruído à luz de nossa situação atual. Se uma visão instrumentalista do mundo natural está no cerne de nosso dilema ecológico, talvez o "movimento de libertação" mais necessário hoje seja considerar que o planeta e sua magnífica teia de vida são muito mais do que apenas um recurso para o benefício de uma espécie.

Muitos ensinamentos budistas têm aplicações ecológicas óbvias. Uma vida preocupada com o consumismo é incompatível com o caminho budista. Os cinco preceitos básicos começam com a promessa de não matar ou prejudicar a vida – não apenas humana, mas de todos os seres sencientes. O princípio mais fundamental da ecologia – a interdependência dos seres vivos e sistemas – é um subconjunto do princípio mais fundamental da filosofia budista, de que nada tem "auto-existência" porque tudo depende de outras coisas. O capítulo 4, "É o mesmo problema?", enfoca algo menos óbvio: os profundos paralelos entre nosso perene dilema pessoal, segundo os ensinamentos budistas tradicionais, e nosso dilema ecológico hoje. Comentei acima que a eco-crise é tanto um desafio espiritual quanto tecnológico e econômico; esmiuçar as semelhanças entre nossos dilemas individuais e coletivos ajuda a concretizar essa afirmação.

Já que nosso senso comum do eu é um construto, ele não corresponde a algo substancial e é, por isso, inerentemente ansioso e inseguro: porque nada pode se tornar seguro. Em geral, o eu experimenta essa ausência de chão como uma *falta*: a sensação de que há algo errado comigo, um desconforto básico muitas vezes vivenciado em certo sentido como *não sou bom o suficiente*. Infelizmente, com frequência compreendemos mal nossa inquietação e tentamos obter segurança na identificação com coisas "fora" de nós, que podem (pensamos) fornecer a base desejada: dinheiro, bens materiais, reputação, poder, beleza física e assim por diante. Como nenhuma delas pode realmente dar base ou segurança a nosso eu, não importa quanto dinheiro (e tudo mais) acumulemos, nunca parece suficiente.

A solução budista para esse dilema não é livrar-se do eu, pois não existe tal coisa para ser descartada. Como foi mencionado, o *sentido* do eu precisa ser desconstruído ("esquecido" na meditação) e reconstruído (substituindo os "três venenos" da ganância, hostilidade e delusão pela generosidade, a bondade amorosa e a sabedoria que reconhece nossa interdependência). É assim que podemos ver através da ilusão de separação. Se eu não sou algo "dentro" (atrás dos olhos ou entre as orelhas), então não há um "fora" lá fora.

Curiosamente, esse relato budista de nossa situação individual corresponde precisamente à nossa situação ecológica hoje. Não só temos sentidos individuais de eu, também temos eus grupais; e "eu separado = dukkha sofrimento" também se aplica ao nosso sentido coletivo maior de eu: a dualidade entre nós como espécie, *Homo sapiens sapiens*, e o resto da biosfera. Assim como o sentido pessoal do eu, a civilização humana é um construto, envolvendo um senso coletivo de alienação do mundo natural que cria ansiedade e confusão sobre o que significa ser humano. Nossa principal resposta a essa ansiedade – a tentativa coletiva de nos dar segurança com crescimento econômico e desenvolvimento tecnológico ("progresso") – está realmente piorando as coisas, pois reforça nossa desconexão com a Terra. Da mesma maneira que não há um eu do qual se livrar, não podemos "retornar à natureza" porque nunca fomos separados dela, mas podemos perceber nossa não dualidade com ela e começar a viver em conformidade com essa compreensão.

Mas que transformação coletiva pode corresponder ao despertar pessoal que o budismo sempre promoveu? "O Buda atingiu o despertar individual; agora precisamos de uma iluminação coletiva para estancar o curso da destruição" – Thich Nhat Hanh. Será que a ideia de tal transformação social não é apenas uma fantasia, dada a realidade econômica e política – ou isso já está acontecendo debaixo de nosso nariz?

Em seu livro *Blessed Unrest:* How *the Largest Movement in the World Came into Being, and Why No One Saw It Coming* (Bendita Revolta: como o maior movimento do mundo veio a surgir, e por que ninguém o viu chegar), Paul Hawken documenta o que pode ser tal despertar coletivo. Esse "movimento de movimentos" é uma rede mundial de organizações socialmente engajadas que surgiu em resposta às crises globais que nos ameaçam hoje. Ele é não apenas o maior que já existiu – pelo menos dois milhões de organizações, talvez muitas mais – mas também o de crescimento mais rápido. Segundo Hawken, "é a primeira vez na história que um movimento de tal escala e amplitude surge em cada país, cidade e cultura do mundo, sem nenhum líder, livro de regras ou sede central. (...) Ele é vasto, e as questões amplamente definidas como justiça social e meio ambiente não são separadas, em absoluto".

Hawken vê esse movimento como a "resposta imunológica" da humanidade, que parece surgir de forma espontânea para nos proteger, a nós e ao planeta, das forças que estão devastando nosso mundo. As organizações que o compõem são "anticorpos sociais agarrando-se às patologias de poder". Como praticante Zen, Hawken vê o budismo como parte crescente desse movimento: "O budismo enquanto instituição se tornará muito mais engajado nas questões sociais, porque não consigo ver um futuro em que as condições não piorem para todos nós. (...) Dukkha, sofrimento, sempre foi o cadinho de transformação para aqueles que praticam". Budismo não é evitar o sofrimento, mas ser transformado por ele, o que significa que pode haver muitas transformações em nosso futuro.

No entanto, os sistemas imunológicos às vezes falham, e "esse movimento certamente poderia falhar também". Doenças como o vírus da imunodeficiência humana (HIV) matam seu hospedeiro, destruindo o sistema imunológico do corpo. Isso sugere paralelos menos esperançosos, o que nos leva ao próximo capítulo.

O título do capítulo 5 é "E se for tarde demais?". James Lovelock, um dos cientistas que propôs pela primeira vez a hipótese de Gaia,[2] alertou em 2009 que a humanidade pode acabar reduzida a pequenos grupos vivendo perto dos polos. Ele também acredita que as tentativas de enfrentar as mudanças climáticas não serão capazes de resolver o problema, mas apenas de nos dar algum tempo. Escrevendo alguns anos mais tarde, Fred Guterl em *The Fate of the Species* (O destino das espécies) e Clive Hamilton em *Requiem for a Species* (Réquiem para uma espécie) são ainda mais pessimistas ao argumentarem que a extinção humana é um perigo muito real. Isso porque, como o biólogo de Stanford Paul Ehrlich coloca sem rodeios, "ao levar outras espécies à extinção, a humanidade está ocupada em serrar o galho onde se empoleira". Será que tais previsões são fantasias para nos assustar e fazer agir? Não, elas não são. Fantasia é a crença generalizada de que o tipo de economia de crescimento industrial ainda promovido pelo governo de toda nação (sobre)desenvolvida pode continuar indefinidamente sem destruir a biosfera. A ameaça imediata ao clima não são apenas as emissões de carbono, mas os "pontos de inflexão", como a liberação de bilhões de toneladas de gás metano, enterradas debaixo do permafrost que agora está derretendo.

Alguns professores contemporâneos começaram a abordar essas preocupações existenciais. Joanna Macy, em "Work That Reconnects" (Trabalho Que Reconecta), enfatiza que nossa dor pelo que está acontecendo com a Terra não é o colapso final de nossas aspirações por ela, mas uma necessidade para aqueles que aspiram a seguir o caminho do engajamento espiritual. Seu livro de 2012, *Esperança Ativa* (Bambual Editora, 2020), integra o luto numa espiral transformadora que começa com *partindo da gratidão,* que nos permite *honrar nossa dor pelo mundo,* levando-nos a *ver com novos olhos,* e só então *seguir adiante* para participar do que ela chama de A Grande Virada. Precisamos sentir mais profundamente para sermos mais profundamente transformados.

---

2 A hipótese de Gaia foi proposta na década de 1970 por Lynn Margulis e James Lovelock. (Nota da Editora.)

INTRODUÇÃO

A resposta de Thich Nhat Hanh à possibilidade de nossa própria extinção encoraja-nos a "tocar a eternidade com nossa respiração", pois nessa eternidade não há nascimento e não há morte. Esse é um ensinamento budista básico, tornado ainda mais importante quando se considera não apenas nossa mortalidade individual, mas a da nossa espécie. Muitas religiões abordam o medo da morte postulando uma alma que não perece com o corpo. A negação budista de uma alma ou de um eu *(anatta)* não permite esse tipo de imortalidade. Em vez disso, você e eu não podemos morrer porque nunca nascemos. Como afirma o Sutra do Diamante, quando incontáveis seres foram conduzidos ao nirvana, na verdade nenhum ser foi conduzido ao nirvana. Dogen, grande mestre zen japonês do século XIII, expressa melhor esse paradoxo: "Simplesmente entenda que nascimento-morte é em si mesmo nirvana. Não há nada como nascimento-morte a ser evitado; não há nada como nirvana a ser buscado. Só quando percebe isso você fica livre de nascimento e morte".

Embora tais ensinamentos tradicionalmente se concentrem em nossa situação individual, têm implicações importantes para o modo como nos relacionamos coletivamente à crise ecológica. Não é apenas que você e eu sejamos não-nascidos, pois tudo é não-nascido, inclusive toda espécie que já evoluiu e todos os ecossistemas da biosfera. Dessa perspectiva, nada se perde se as espécies, inclusive a nossa, são extintas; e nada se ganha quando nossa espécie sobrevive e prospera.

No entanto, essa não é uma perspectiva única. A formulação vigorosa do Sutra do Coração nos vem à mente: forma não é mais que vazio, vazio não é mais que forma. Sim, do ponto de vista de *shunyata* (vazio) não há melhor ou pior, mas isso não nega o fato de que *vazio é forma.* O que chamamos de vazio – o potencial ilimitado que pode assumir qualquer forma, de acordo com as condições – assumiu a forma desta teia de vida assombrosa e incrivelmente bela, que nos inclui e que deve ser apreciada e protegida. Como o Sutra do Coração também diz, "não há velhice e morte e não há fim para velhice e morte". O caminho espiritual é viver esse paradoxo.

O capítulo 6, "O que devemos fazer?", considera o que isso realmente significa para nossa reação à crise ecológica. A resposta curta é que os ensinamentos budistas não nos dizem o *que* fazer, mas dizem muito sobre *como* fazer. Claro que gostaríamos de conselhos mais específicos, mas isso é irrealista, dadas as condições históricas e culturais muito diferentes nas quais o budismo se desenvolveu. O dukkha coletivo causado por uma crise ecológica jamais foi abordado porque esse problema específico nunca se apresentou.

Isso não significa que "vale tudo", de uma perspectiva budista. Nossos fins, por mais nobres que sejam, não justificam nenhum meio, porque o budismo desafia a distinção entre eles. Sua principal contribuição ao nosso compromisso social e ecológico são as diretrizes para ação hábil que as tradições Theravada e Mahayana oferecem. Embora essas diretrizes, de modo geral, tenham sido compreendidas em termos individuais, a sabedoria que incorporam é prontamente aplicável aos tipos mais coletivos de prática engajada e transformação social necessários hoje. Os cinco preceitos do budismo Theravada (e a versão engajada deles elaborada por Thich Nhat Hanh) e as quatro "moradas espirituais" *(brahmaviharas)* são altamente relevantes. A tradição Mahayana acentua o caminho do bodisatva, incluindo as seis "perfeições" (generosidade, disciplina, paciência, diligência, meditação e sabedoria). Talvez o mais importante de tudo seja a prática de agir sem apego aos resultados, enfatizada pelo budismo Mahayana. Juntas, essas diretrizes nos orientam quando entramos no *caminho* do *ecosatva*.

O engajamento social continua sendo um desafio para muitos budistas, pois os ensinamentos tradicionais enfocaram a paz de espírito do praticante. Por outro lado, quem está comprometido com a ação social experimenta muitas vezes fadiga, raiva, depressão e esgotamento. O caminho do bodisatva/ecosatva engajado fornece o que cada lado precisa, porque envolve uma prática dupla, interna (por exemplo, meditação) e externa (ativismo). Combinar os dois lados permite um envolvimento intenso com menos frustração. Esse ativismo também ajuda os meditadores a evitar a armadilha de se preocupar com seu próprio estado mental e progresso em direção à iluminação. Na medida em que o senso de um eu separado é o problema básico, o compromisso compassivo para o bem-estar de outros, incluindo outras espécies, é parte importante da solução. O engajamento com os problemas do mundo não é, portanto, uma distração de nossa prática espiritual pessoal, mas pode se tornar parte essencial dela.

O insight e a equanimidade cultivados pelos eco-bodisatvas fundamentam aquilo que mais distingue o ativismo budista: agir sem apego aos resultados da ação, algo que é facilmente mal interpretado para sugerir uma atitude casual. Ao contrário, nossa tarefa é fazer o melhor que pudermos, sem saber quais serão as consequências – na verdade, sem saber se nossos esforços farão alguma diferença. Não sabemos se o que fazemos é importante, mas sabemos que é importante fazê-lo. Será que já ultrapassamos os pontos de inflexão ecológicos e a civilização como a conhecemos está condenada? Não sabemos e tudo bem. Esperamos, é claro, que nossos esforços frutifiquem, mas eles são, afinal de contas, nosso presente de coração aberto para a Terra.

Parece-me que, se os budistas contemporâneos não podem ou não querem fazer isso, então o budismo não é o que o mundo precisa agora – mas este livro tenta mostrar o quanto o budismo pode nos ajudar a compreender e dar uma resposta ao maior desafio que a humanidade já enfrentou. E ele também explora o que isso pode significar para o budismo hoje.

Tudo está queimando.
    – O BUDA

Entramos no território desconhecido de uma emergência global, onde o *business as usual* ("os negócios como de costume") não pode continuar. Devemos tomar a iniciativa de reparar e proteger este mundo, garantindo um futuro de clima seguro para todas as pessoas e todas as espécies.
    – TENZIN GYATSO, O DÉCIMO QUARTO DALAI LAMA

Minha geração fez o que nenhuma geração anterior pôde fazer, porque elas não tinham o poder tecnológico, e o que nenhuma futura geração poderá fazer, porque o planeta nunca mais será tão bonito ou abundante.
    – THOMAS BERRY

Se as mudanças globais causadas por HIPPO (destruição de habitat, espécies invasivas, poluição, superpopulação e superprodução, nessa ordem de importância) não forem abatidas, metade das espécies de plantas e animais poderá ser extinta ou pelo menos estar entre os "mortos-vivos" – prestes a ser extinta – no final do século. Estamos transformando desnecessariamente o ouro que herdamos de nossos antepassados em palha, e por isso seremos desprezados por nossos descendentes.
    – E. O. WILSON

A noção de que a ciência nos salvará é a quimera que permite à geração atual consumir todos os recursos que deseja, como se nenhuma geração a sucedesse. É o sedativo que permite à civilização marchar firmemente em direção à catástrofe ambiental. Ela impede a solução real, que estará no trabalho árduo e não técnico de mudar o comportamento humano.
    – KENNETH BROWER

Talvez a maneira como respondemos à crise faça parte da crise.
    – BAYO AKOMOLAFE

ECODARMA

A verdade é que o consumismo verde praticamente não fez diferença e transfere a responsabilidade dos grandes poluidores e governos, que precisam apresentar as políticas, para os ombros dos indivíduos. Indivíduos como cidadãos, ou seja, atores políticos, podem ser muito eficazes porque apenas por meio de mudanças políticas obrigatórias de longo alcance obteremos alguma coisa parecida com a resposta que precisamos.

    – CLIVE HAMILTON

Quais valores fundamentam nosso compromisso, com a ideia de que o aquecimento global será resolvido, se pudermos reduzir o dióxido de carbono atmosférico para 350 ppm? O ambientalismo trata de fazer acordos em um abismo moral. A vantagem disso é que, por suas concessões terem tomado o lugar de seus valores, ele pode às vezes declarar vitória e dar as costas ao desastre.

    – CURTIS WHITE

Somos uma civilização Star Wars. Temos emoções da Idade da Pedra. Temos instituições medievais, principalmente as igrejas, e tecnologia divina. E essa tecnologia divina está nos arrastando, para avançar de maneiras totalmente imprevisíveis.

    – E. O. WILSON

Você não pode barganhar com a Mãe Natureza.

    – MOHAMED NASHEED

A mudança climática é o maior fracasso de mercado que o mundo já viu.

    – NICHOLAS STERN

Os colapsos econômicos e ecológicos têm a mesma causa: o mercado livre não regulamentado e as ideias de que a ganância é boa e o mundo natural é um recurso para enriquecimento privado de curto prazo. Os resultados foram ativos tóxicos e uma atmosfera tóxica letal.

    – GEORGE LAKOFF

A imaturidade fundamental da espécie humana, neste momento na história, é que nossos sistemas de governança e economia não apenas permitem, mas na verdade encorajam, subconjuntos do todo (indivíduos e corporações) a se beneficiarem em detrimento do todo.
– MICHAEL DOWD

Se a natureza fosse um banco, eles já a teriam resgatado.
– EDUARDO GALEANO

Uma atitude em relação à vida que procura satisfação na busca obstinada de riqueza – em suma, o materialismo – não se encaixa neste mundo porque não contém em si nenhum princípio limitante, enquanto o ambiente em que está colocada é estritamente limitado.
– E. F. SCHUMACHER

Fundamentalmente, a tarefa é articular não apenas um conjunto alternativo de projetos políticos, mas uma visão de mundo alternativa para rivalizar com a que está no cerne da crise ecológica: uma visão enraizada na interdependência mais do que hiperindividualismo, reciprocidade em vez de dominância, e cooperação em vez de hierarquia.
– NAOMI KLEIN

É horrível termos que lutar contra nosso próprio governo para salvar o meio ambiente.
– ANSEL ADAMS

Se as pessoas destroem algo substituível feito pela humanidade, são chamadas de vândalos; se destroem algo insubstituível feito por Deus, são chamadas de desenvolvedores.
– JOSEPH WOOD KRUTCH

Alguém precisa me explicar por que querer água potável faz de você um ativista, e propor destruir a água com guerra química não transforma uma corporação em terrorista.
– WINONA LADUKE

Se um homem passa a metade de cada dia andando nos bosques por amor a eles, corre o risco de ser considerado um vagabundo. Mas se passa os dias como um especulador, cortando árvores e tornando a terra nua antes do tempo, é considerado um cidadão laborioso e empreendedor.
 – HENRY DAVID THOREAU

P: Quantos céticos do clima são necessários para trocar uma lâmpada?
R: Nenhum. É muito cedo para dizer se a lâmpada precisa ser trocada.
R: Nenhum. Nós só sabemos enroscar o planeta.
 – ANÔNIMO

Já que as raízes de nosso problema são principalmente religiosas, o remédio também deve ser religioso, quer o chamemos assim ou não. Devemos repensar e reavaliar nossa natureza e nosso destino.
 – LYNN WHITE JR.

Quanto mais profundamente busco as raízes da crise ambiental global, mais fico convencido de que ela é a manifestação externa de uma crise interior que é, por falta de palavra melhor, espiritual ...
 – AL GORE

O primeiro passo para re-imaginar um mundo que deu terrivelmente errado seria parar a aniquilação daqueles que têm uma imaginação diferente – uma imaginação que está fora tanto do capitalismo como do comunismo. Uma imaginação que tem um entendimento totalmente diferente daquilo que constitui felicidade e realização.
 – ARUNDHATI ROY

E se o aquecimento global for uma grande farsa e criarmos um mundo melhor por nada?
 – PERGUNTA NA CONFERÊNCIA DE MUDANÇA
 CLIMÁTICA

1

O Problema é a
Mudança Climática?

Sejamos claros: a mudança climática é o maior desafio que a humanidade já enfrentou. Na verdade, suas implicações são tão extremas que o termo *mudança climática* e seu caloroso primo *aquecimento global* tornam-se eufemismos para o que é, melhor dizendo, uma *emergência climática*. Este livro examina a crise climática com uma lente budista e reflete sobre seu significado para a forma como entendemos e praticamos o budismo hoje.

Mas há algo ainda maior em jogo do que a emergência climática?

Apesar das tentativas persistentes de grupos de interesse para ofuscar a questão, a evidência fornecida por vários estudos científicos é conclusiva e não será debatida aqui. A civilização humana se desenvolveu numa era que os cientistas do clima chamam de Holoceno – esses últimos 11.700 anos ou mais – durante o qual o clima se manteve, de modo geral, estável e ameno. Coincidência ou não, a agricultura começou há cerca de 11.500 anos, quando plantas como trigo, cevada, ervilhas e lentilhas começaram a ser cultivadas no Levante. O Holoceno está terminando agora, devido principalmente a níveis crescentes de dióxido de carbono na atmosfera (agora bem acima de 400 partes por milhão, em contraste com os níveis pré-industriais de cerca de 262 ppm) e nos oceanos. A maior causa desse aumento é a atividade humana, na queima de combustíveis fósseis como carvão, petróleo e gás metano. Estamos vivendo na era do Antropoceno, de *antropo,* palavra grega para "ser humano". E, salvo uma catástrofe natural inesperada como a queda de um meteoro ou a erupção de megavulcões, parece que o futuro da biosfera, por muitos milhares de anos, dependerá do que a humanidade fizer (e não fizer) nas próximas décadas – ou devemos dizer nos próximos anos?

Em vez de repetir o que a maioria de nós já sabe, deixe-me apenas enfatizar dois pontos fundamentais sobre a crise climática. Primeiro, não é um problema externo que está acontecendo conosco, mas algo que estamos fazendo a nós mesmos, embora, é claro, algumas pessoas e algumas sociedades sejam mais responsáveis do que outras. Cerca de um sexto da população do mundo é tão pobre que não produz quantidade significativa de gases de efeito estufa. Tragicamente, são essas pessoas em nações menos desenvolvidas, principalmente na África e no Sul da Ásia, que vêm sofrendo mais com mudanças climáticas; as que vivem nas nações mais desenvolvidas da América do Norte e Europa têm experimentado até agora relativamente poucos distúrbios. Voltaremos às implicações éticas dessa diferença, mas meu ponto aqui é apenas que o *Homo sapiens sapiens* não pode culpar nenhuma outra espécie, nem desastres naturais, pelo que está acontecendo. Imagine como reagiríamos se espaçonaves alienígenas aparecessem e começassem a bombear dióxido de carbono em nossa atmosfera! Infelizmente, as causas de nosso problema não são tão fáceis de identificar e atacar. Como disse o Pogo de Walt Kelly durante a Guerra do Vietnã, "encontramos o inimigo e ele somos nós".

Meu segundo ponto decorre do primeiro: nossa resposta coletiva para a crise climática, embora não seja desprezível, está longe de ser adequada. Conferências internacionais continuam a ser realizadas e houve acordos (às vezes descumpridos) sobre compromissos específicos, mas ainda não estamos fazendo o que precisa ser feito para reduzir suficientemente as emissões de carbono. Considerando as extraordinárias implicações do problema, devemos perguntar: por que não?

Mais uma vez, deixe-me ser claro: a urgência avassaladora do desarranjo climático – não mais simples ameaça, mas algo que já começou – exige nossos esforços incondicionais e atenção inabalável. Todavia, precisamos também perceber que essa emergência específica é apenas

O PROBLEMA É A MUDANÇA CLIMÁTICA?

parte de uma crise ecológica muito maior. *"Mudança climática"* não é a questão fundamental que nos confronta hoje. Mencionei acima que a crise climática é o maior desafio que a humanidade já enfrentou, que a estamos impingindo a nós mesmos, e que nossa resposta até agora está longe de ser adequada; esses três pontos descrevem igualmente o desafio ecológico maior que é mais assustador ainda.

É necessário enfatizar isso porque muitas pessoas presumem que, se apenas convertermos para fontes renováveis de energia, a economia e a sociedade podem continuar a funcionar indefinidamente da mesma maneira como vêm fazendo. Um problema com esse modo de pensar é que, para os efeitos de aquecimento das novas emissões de carbono serem registrados, leva até uma geração; o que significa que podemos esperar muitos anos mais de intensa perturbação climática, com consequências sociais e econômicas dificílimas de calcular. Mas o problema mais grave é que a crise climática é apenas a ponta do iceberg ecológico que tem implicações mais profundas para o futuro da civilização humana. A partir dessa perspectiva mais ampla, temos até agora feito pouco mais do que reorganizar as espreguiçadeiras no *Titanic,* metáfora gasta que parece, no entanto, extremamente apropriada diante do número crescente de icebergs agora se desprendendo no Ártico e Antártico.

Considere, por exemplo, o que está acontecendo com os oceanos. Claro, muito disso tem a ver com o aumento das emissões de carbono. Até agora, mais de 90 por cento do calor adicional gerado pela queima de combustíveis fósseis foi absorvido pelos oceanos. Sem aquele dissipador de calor, as temperaturas médias do ar ao redor do globo já teriam aumentado 97 graus Fahrenheit (36° C), segundo alguns cálculos, e estaríamos todos fritos. A absorção de quantidades crescentes de dióxido de carbono também tem acidificado a água do oceano (já mais ácida do que em qualquer momento nos últimos 800.000 anos), interrompendo a capacidade de moluscos e plâncton na base da cadeia alimentar de criarem suas cascas de carbonato de cálcio. De forma mais visível, a poderosa combinação de aquecimento e acidificação da água está branqueando os recifes de coral (que são hospedeiros de um quarto de todas as espécies marinhas). De acordo com o filme de 2017, *Chasing Coral* (Caçando Coral), o mundo perdeu cerca de metade de seus recifes de coral nos últimos trinta anos, e quase todos os corais restantes deverão morrer nos próximos trinta anos. Eventos em 2016 e 2017 danificaram severamente dois terços da Grande Barreira de Corais na costa da Austrália, e os oceanógrafos não têm esperança de uma recuperação.

Mas existem outros problemas com os oceanos. As capturas marinhas globais vêm diminuindo desde 1996, e um estudo publicado na revista *Science* prevê que as reservas oceânicas estarão esgotadas pela pesca comercial até 2048. De acordo com um relatório do Fórum Econômico Mundial de 2016, em 2050 haverá mais plástico nos oceanos do que peixes, o que aponta para outro problema que não pode ser atribuído a emissões de carbono. Menos da metade do milhão de garrafas de plástico compradas pelo mundo a cada minuto é reciclado, segundo um estudo de 2017 publicado pelo *Guardian,* e o consumo anual deve exceder meio trilhão em 2021. Desde a década de 1950, aproximadamente um bilhão de toneladas de plástico foram descartadas, e outro estudo de 2015 publicado na *Science* calculou que, a cada ano, oito milhões de toneladas métricas desse material chega aos oceanos. O relatório do Fórum Econômico Mundial de 2016 também estima que existem mais de 165 milhões de toneladas de plástico nos oceanos hoje, grande parte delas em um enorme vórtice de detritos de microplástico no Oceano Pacífico, conhecido como Grande Mancha de Lixo do Pacífico (e há outro no Atlântico Norte). Ao contrário do material orgânico, o plástico não é biodegradável; ele simplesmente se desintegra em pedaços cada vez menores, que muitas vezes são ingeridos por organismos marinhos – mesmo nas regiões mais profundas do Oceano Pacífico – e por nós. Um estudo científico de 2017 encontrou minúsculas fibras de plástico em 83 por cento das amostras globais da água de torneira. A maior taxa de contaminação foi nos Estados Unidos, com 94 por cento.

Existe também um problema mundial de *hipertroficação*, quando fertilizantes, detergentes e outros produtos químicos escorrem para rios e lagos, degradando a qualidade da água e causando eventualmente enormes "zonas mortas" em baías e estuários. Há frequentes eclosões de algas, que são tóxicas para plantas e animais, incluindo humanos, e podem causar mortandade de peixes e extinção de espécies. Um levantamento global de 2013 identificou mais de seiscentas dessas zonas cos-

O PROBLEMA É A MUDANÇA CLIMÁTICA? 43

teiras em todo o mundo. Uma das maiores delas fica na foz do rio Mississippi, sempre variando em tamanho, mas geralmente expandindo; no verão de 2017, ela cobriu uma área recorde de 14.123 quilômetros quadrados, de acordo com a Administração Oceânica e Atmosférica Nacional dos Estados Unidos.

Em suma, a atividade humana vem alterando rápida e radicalmente a química dos oceanos, com consequências finais difíceis de prever, salvo a improbabilidade de serem benéficas para a vida marinha ou para nós.

E há muitos outros desafios.

A agricultura é a força vital da civilização como a conhecemos, mas em quase todos os lugares a maioria das pessoas não vive mais em fazendas familiares. A prioridade da agricultura industrial é produzir o máximo a custo mínimo, o que exige uso intensivo de fertilizantes, pesticidas e herbicidas, como o *notório* pesticida Roundup da Monsanto (glifosato), que agora se acredita ser tóxico para humanos, bem como abelhas e muitas outras espécies. No entanto, há um problema mais básico, rotulado pelo Centro Grantham para Futuros Sustentáveis da Universidade de Sheffield como "catastrófico": um terço das terras aráveis do mundo se perdeu nos últimos quarenta anos, época em que a demanda por alimentos cresce cada vez mais. "Segundo a pesquisa, a aração contínua dos campos, combinada com o uso pesado de fertilizantes, degradou solos em todo o mundo, num ritmo de erosão até 100 vezes maior do que o da taxa de recuperação do solo". Por causa dessa deterioração, a FAO, Organização das Nações Unidas para Agricultura e Alimentação, prevê, em média, apenas mais sessenta anos de cultivo para o mundo, dadas as práticas agrícolas atuais. Para suprir a demanda global de alimentos, a FAO estima que seis milhões de hectares de novas terras agricultáveis serão necessários a cada ano e, em vez disso, a cada ano são perdidos doze milhões de hectares devido à degradação do solo. Como se isso não bastasse, um estudo de 2014 publicado na revista *Nature* constatou que o aumento de CO_2 na atmosfera levou a um declínio significativo no valor nutricional das safras, especialmente em proteína, ferro e zinco.

Como praticante Zen, recitei muitas vezes o voto do bodisatva, de "salvar todos os seres vivos". E de uma perspectiva budista, talvez não haja questão mais preocupante do que o fato de já termos entrado no que os cientistas estão chamando de sexto evento de extinção em massa da terra, quando, com o declínio generalizado da biodiversidade, muitas plantas e espécies animais desapareçem. Há uma ampla gama de opiniões de biólogos sobre o ritmo da extinção atual, mas as estimativas variam entre mil e dez mil vezes o "ritmo natural" – aquele em que as extinções ocorreriam sem impacto humano. De acordo com um relatório de 2010 do Programa das Nações Unidas para o Meio Ambiente, uma em cada quatro espécies de mamíferos, uma em cada oito espécies de pássaros, uma em cada três espécies anfíbias e 70 por cento de todas as espécies de plantas do mundo estão ameaçadas hoje, principalmente pelo desmatamento, a agricultura, a urbanização, e o aquecimento global. Mais recentemente, um relatório de 2016 da WWF (Fundo Mundial para a Natureza) concluiu que as populações de vertebrados selvagens diminuíram em 58 por cento entre 1970 e 2012, devendo a perda, nesse ritmo, atingir 67 por cento em 2020. Um estudo de reservas naturais alemãs descobriu que a abundância de insetos caiu em 75 por cento entre 1989 e 2017. O mais alarmante é que, como alertou o eminente biólogo E. O. Wilson da Universidade de Harvard, metade de todas as espécies vegetais e animais da Terra podem estar extintas por volta de 2100, ou tão enfraquecidas que desaparecerão logo depois.

Já basta? Não exatamente. A lista de problemas induzidos pelo homem é longa; eis alguns deles, em resumo:

A pesquisa de Lester Brown sobre águas subterrâneas destaca o fato de que o esgotamento da água doce é um sério problema mundial, especialmente na Ásia e nas Américas. Segundo a FAO, a disponibilidade global de água doce per capita é menos da metade do que era no início dos anos 1960. A diminuição dos lençóis freáticos e o bombeamento excessivo dos aquíferos ameaçam acabar com a agricultura em regiões áridas como o Oriente Médio e o sudoeste dos Estados Unidos.

No último século, milhares de novos produtos químicos foram criados e comercializados, mas muito poucos foram avaliados para seus efeitos sobre os humanos ou o meio ambiente. Uma categoria pesquisada foi a dos poluentes orgânicos persistentes (POPs), que não degradam naturalmente, mas bioacumulam e têm efeitos tóxicos frequentes. Alguns deles são desreguladores endócrinos que causam defeitos de

O PROBLEMA É A MUDANÇA CLIMÁTICA?

desenvolvimento; outros são cancerígenos conhecidos ou provocam diferentes doenças crônicas. E praticamente todos nós temos pelo menos vestígios de POPs em nossos corpos. Até agora, as tentativas de resolver esse problema se concentraram em parar a produção e usar novos POPs, pois ninguém sabe como remover os que já se encontram no meio ambiente. Uma pesquisa recente publicada na revista *Nature Ecology and Evolution* encontrou níveis "extraordinários" de POPs até em organismos que vivem nas partes mais profundas dos oceanos – as fossas de Mariana e Kermadec.

A maioria de nós está ciente da catastrófica explosão nuclear de 1986 em Chernobyl, na ex-União Soviética, que lançou enormes quantidades de radioatividade na atmosfera, e alguns se lembram do derretimento parcial na usina nuclear de Three Mile Island, na Pensilvânia, em 1979 – mas ocorreram acidentes graves também em Kyshtym na União Soviética em 1957, em Windscale no Reino Unido em 1957, em Chalk River no Canadá em 1952, e em Tokaimura no Japão em 1999. Em março de 2011, um terremoto de magnitude 9 na costa do Japão gerou um tsunami que causou o derretimento de três reatores nucleares perto da cidade costeira de Fukushima. Seis anos e muitos bilhões de dólares depois, a situação permanece fora de controle. Os reatores danificados continuam a gerar altos níveis de resíduos radioativos (principalmente água contaminada) e os esforços para resolver o problema mal começaram. Até o final de 2017, a Tepco, operadora da usina, ainda não havia sido capaz de determinar a localização exata e a condição do combustível derretido. A Tepco previu que a limpeza levará de trinta a quarenta anos, mas Shaun Burnie, especialista nuclear do Greenpeace estacionado no Japão, disse que tal cronograma de desobstrução "nunca foi realista ou fidedigno" porque o desafio é "sem precedentes e quase além da compreensão".

Em adição a tais desastres nucleares, e a probabilidade de novas ocorrências, quase 13.000 toneladas de resíduos altamente perigosos (que Joanna Macy chama de "fogo venenoso") são produzidas anualmente pelas mais de quatrocentas usinas nucleares em atividade. Os Estados Unidos têm pelo menos 108 locais radioativos declarados contaminados e inutilizáveis, alguns envolvendo milhares de hectares.

A vida útil de certos materiais radiativos nesses locais é muito longa: o plutônio-239 tem uma meia-vida de 24.000 anos e, apesar da desinformação da indústria nuclear, não se sabe realmente como armazenar esses resíduos com segurança, por períodos necessários extremamente longos.

E há que se considerar a superpopulação – um problema que político nenhum jamais quer abordar, pois não há votos a serem ganhos ao dizer às pessoas que elas deveriam ter menos filhos. No início de 2018 a população mundial atingiu 7,6 bilhões, bem mais de três vezes o que era no final da Segunda Guerra Mundial em 1945. A Global Footprint Network calculou que a Terra pode abastecer de forma sustentável apenas cerca de dois bilhões de pessoas com um padrão de vida europeu – e consideravelmente menos com um estilo de vida americano. Isso aponta para uma preocupação essencial, à qual voltaremos: estresses ecológicos não podem ser separados de questões de justiça social.

Que eu saiba, com apenas uma exceção (de que trato mais abaixo), todas as principais religiões do mundo são pronatalistas: encorajam as pessoas a crescer e se multiplicar. Isso era compreensível quando nosso impacto total era muito menor. A população mundial na época do Buda girava provavelmente em torno de 100 milhões de pessoas, cerca de 1,3 por cento da população atual, que continua a crescer exponencialmente. Resolvemos o problema de perpetuar nossa espécie – tão bem, no entanto, que nosso bem-estar, e talvez nossa sobrevivência, estão agora ameaçados por nosso sucesso. É difícil imaginar como a sustentabilidade ecológica poderia ser alcançada sem uma redução maciça, intencional ou não, em nossos números. É quase tão difícil imaginar como essa redução pode ser alcançada de forma democrática e equitativa.

A única exceção religiosa ao pronatalismo é o budismo. Até onde sei, nenhum ensinamento budista tradicional encoraja as famílias a produzir muitos filhos. Em algumas sociedades budistas, a ênfase no monaquismo celibatário teve o efeito oposto, tendendo a limitar o crescimento populacional.

Pode-se continuar indefinidamente, mas essa ladainha de desastres ecológicos já é bastante longa. Talvez o melhor resumo de nossa situa-

O PROBLEMA É A MUDANÇA CLIMÁTICA? 47

ção seja o de James Gustav Speth, nas páginas iniciais de seu livro *The Bridge at the Edge of the World: Capitalism, the Environment, and Crossing from Crisis to Sustainability* (A Ponte na Beira do Mundo: Capitalismo, Meio Ambiente e a Travessia da Crise para a Sustentabilidade):

> Metade das florestas tropicais e temperadas do mundo já não existe. A taxa de desmatamento nos trópicos gira em torno de meio hectare por segundo, há décadas. Metade dos pântanos do planeta sumiu. Cerca de 90 por cento dos grandes peixes predadores desapareceram, e a pesca marinha está esgotada em 75 por cento ou mais de sua capacidade. Quase a metade dos corais sumiu ou está seriamente ameaçada. As espécies estão desaparecendo até mil vezes mais rápido do que o normal. O planeta não vive um espasmo de extinção como este há sessenta e cinco milhões de anos, desde que os dinossauros desapareceram. A desertificação anual global de áreas com capacidade produtiva é do tamanho de Nebraska.[3] Produtos químicos tóxicos persistentes podem agora ser encontrados às dezenas em todos e cada um de nós.
>
> [Os Estados Unidos] estão perdendo 2.500 hectares de espaço aberto por dia e 40.000 hectares de pântanos por ano. Cerca de um terço das espécies de plantas e animais dos EUA estão ameaçadas de extinção. Metade dos lagos e um terço dos rios dos EUA ainda não atendem aos padrões que por lei deveriam estar sendo cumpridos desde 1983. E pouco fizemos para conter nossos hábitos de desperdício de energia ou nosso enorme crescimento populacional. [...] Tudo que precisamos fazer para destruir o clima e a biota do planeta, e deixar um mundo em ruínas para nossos filhos e netos, é continuar fazendo exatamente o que estamos fazendo hoje, sem nenhum crescimento da população humana ou da economia mundial. Continue a gerar gases de efeito estufa nas taxas atuais, continue a empobrecer os ecossistemas e liberar produtos químicos tóxicos nas taxas atuais, e o mundo no final deste século não

---

3 Nebraska, estado norte-americano com uma área de 200.520 km². (Nota dos tradutores.)

será adequado para se viver. Mas as atividades humanas não estão mantendo os níveis atuais – elas estão acelerando dramaticamente.

Vale ressaltar que o livro de Speth foi publicado em 2008, o que significa que os problemas ali enfatizados *aceleraram* desde que foram descritos. Nossa situação ecológica continua a deteriorar dramaticamente. Observe o que Speth enfatiza e o que escrevi sobre pesca excessiva, plásticos, eutrofização, solo superficial, extinção de espécies, esgotamento da água, POPs, lixo nuclear e superpopulação – todas essas coisas estão relacionadas com a crise climática, pois tudo está relacionado, de uma forma ou de outra. Porém, nenhuma delas pode simplesmente ser reduzida a isso. As questões climáticas estão recebendo mais atenção e são as mais urgentes, sem dúvida, mas são apenas parte de uma crise maior que não será resolvida, mesmo se conseguirmos converter para fontes renováveis de energia com rapidez suficiente para evitar aumentos letais de temperatura e outras perturbações climáticas que advirão.

Há outra dimensão da eco-crise que precisa ser enfatizada. Já aludi a isso algumas vezes: a "intersecção" de desafios ambientais com questões de justiça social, especialmente racismo, etnia, neocolonialismo, gênero e classe. O ponto da interseccionalidade – um termo mais budista seria inter-relacionamento, ou interdependência – é que os problemas ecológicos que destaquei, e as estruturas hierárquicas e injustas da maioria das sociedades humanas, não são questões separadas. Não é por acaso, por exemplo, que afro-americanos e outras pessoas desfavorecidas nos Estados Unidos tenham muito mais probabilidade de viver perto de depósitos de lixo e outros locais poluídos. Os estilos de vida dos 500 milhões de pessoas mais ricas do mundo causam quase metade de todas as emissões globais de carbono, e parte dessa riqueza é gasta, naturalmente, para se isolarem das consequências da crise climática, que já está atingindo os menos afortunados.

"Como o naufrágio do *Titanic*, as catástrofes não são democráticas", disse Henry I. Miller, membro do Instituto Hoover da Universidade de Stanford. "A fração de passageiros mortos dos conveses inferio-

O PROBLEMA É A MUDANÇA CLIMÁTICA?

res foi muito maior. Veremos o mesmo fenômeno com o aquecimento global". Justin Lin, economista-chefe do Banco Mundial, estimou que 75 a 80 por cento dos danos causados pelo aquecimento global "serão sofridos por países em desenvolvimento, embora eles contribuam com apenas um terço dos gases de efeito estufa". A África, por exemplo, causou menos de 3 por cento das emissões globais desde 1900, mas 1,3 bilhão de pessoas (estimativa do final de 2017) estão ameaçadas naquele continente por alguns dos mais altos riscos de desabastecimento de água, incluindo seca e desertificação.

"A desigualdade de toda essa situação é realmente enorme se você considerar quem é responsável e quem está sofrendo com o resultado", afirmou Rajendra Pachauri, ex-presidente do Painel Intergovernamental sobre Mudanças Climáticas da ONU (IPCC). No entanto, Michael Glantz, que estuda riscos climáticos no Centro Nacional de Pesquisa Atmosférica dos Estados Unidos (e pediu mais pesquisas sobre adaptação ao aquecimento) duvida de um esforço maior para ajudar países mais pobres: "O terceiro mundo foi deixado por conta própria, e acho que permanecerá assim".[4]

No entanto, a crescente consciência da relação entre crise ecológica e justiça social abre novas possibilidades. O movimento *Standing Rock* no estado de Dakota do Norte reuniu, em 2016, nativos norte-americanos "protetores da água" de muitas tribos diferentes e grupos não indígenas, como o dos veteranos de guerra, num evento importante na consolidação de questões ecológicas e de direitos humanos. Rebecca Solnit escreve:

> O que está acontecendo em Standing Rock parece um novo movimento de direitos civis, que ocorre na confluência dos direitos ambientais e humanos e cresce a partir de experiências de poder popular e transformação do mundo vividas

---

4 Os estudos e debates globais sobre decolonização informam que os países do "terceiro mundo" não foram simplesmente "deixados por conta própria". A situação é ainda pior: eles continuam sendo explorados e suas reservas naturais totalmente esgotadas. (Nota da editora.)

nos últimos 60 anos. [...] Para muitas pessoas envolvidas no movimento climático, trata-se de um movimento de direitos humanos, ou inseparável dos direitos humanos. Os povos indígenas desempenharam um enorme papel como população de muitos dos muitos lugares onde ocorrem extração e transporte de combustível fóssil. Eles atuam como protetores de lugares e ecossistemas especiais de rios a florestas, da Amazônia ao Ártico; como pessoas intensamente conscientes do passado, do futuro e do tempo profundo no qual lucros de curto prazo se transformam em danos de longo prazo, e dos direitos do ganho coletivo sobre o individual.

Claro, muitas outras questões sociais devem ser acrescentadas aqui, especialmente o crescimento acelerado do fosso entre uma pequena elite global muito rica, habilitada pelos chamados sistemas democráticos de governança profundamente corrompidos por alguns poderosos indivíduos e instituições, e todos os demais. Não devemos nos surpreender que a maioria das nações "avançadas" do mundo estejam experimentando ao mesmo tempo o uso crescente de antidepressivos e outras drogas legais e ilegais, numa epidemia sem precedentes e com consequências muitas vezes fatais.

Em suma, mesmo mudando o foco das emissões de carbono para o todo da crise ecológica é incompleto e unilateral. Há algo ainda maior em jogo e uma maneira de demonstrar esse ponto é retomar a metáfora do iceberg mencionada anteriormente. Se o colapso climático é a própria ponta do iceberg, o resto da crise ecológica, inclusive as questões de justiça social que acabamos de mencionar, fica abaixo dessa ponta, mas ainda visível acima da linha de água. Então, o que está abaixo da superfície? Tudo o que discuti até agora pode ser entendido como sintomático de um problema mais fundamental: o dilema de uma civilização agora global que perdeu seu rumo e, apesar de suas incríveis conquistas tecnológicas, parece estar se autodestruindo.

Thomas Berry descreveu habilmente nossa condição: "Podemos resumir a situação humana atual pela simples afirmação: no século vinte, a glória do humano se tornou a desolação da Terra, e agora a desolação da Terra está se tornando o destino do humano".

O PROBLEMA É A MUDANÇA CLIMÁTICA?

Eu localizo esse problema na parte mais profunda e menos visível do iceberg, pois normalmente não temos consciência de que nossa preocupação coletiva com crescimento econômico e consumismo sem fim – que se tornaram os mais importantes objetivos da modernidade e *significado* de nossa civilização – é incompatível com os ecossistemas finitos da Terra, dos quais somos uma pequena parte.

MEIOS VERSUS FINS

De uma perspectiva budista, muitas coisas podem ser ditas (e serão ditas mais tarde) sobre por que essa fixação no crescimento não pode fornecer a satisfação que demandamos dele. Mas para entender melhor a relação entre as partes visível e submersa do iceberg – como a eco-crise é produto de algo ainda mais problemático – vamos voltar por um momento aos oceanos e olhar para um exemplo particularmente revelador de sobrepesca: o atum azul.

Como vocês devem saber, os japoneses adoram sashimi (peixe cru) e o favorito deles é o atum azul. Infelizmente, a pesca excessiva tornou o atum azul uma espécie altamente ameaçada (embora o governo japonês tenha feito forte lobby para evitar que tal designação se tornasse oficial). A "solução"? O conglomerado Mitsubishi, um dos maiores impérios corporativos do mundo, encontrou uma resposta engenhosa. Encurralou cerca de 40 por cento do mercado mundial, obtendo a maior quantidade possível de atum azul, legal e ilegalmente, apesar da queda vertiginosa de sua população, rumo à extinção nos oceanos do mundo. Embora esse estoque exceda a atual demanda, os atuns são importados e congelados a menos 60°C nos freezers da Mitsubishi, pois logo atingirão preços astronômicos se, como previsto, se tornarem comercialmente extintos. Isso será resultado, é claro, da contínua sobrepesca por frotas de atum que tentam satisfazer a insaciável demanda por parte, em alto grau, da Mitsubishi.

Ironicamente, quando o tsunami de 2011 atingiu o Japão e destruiu a usina nuclear de Fukushima, a eletricidade que abastecia alguns desses congeladores falhou, e milhares de toneladas de atum azul descongelaram e se perderam. Essa exposição do que foi pescado ilegalmente e contrabandeado levou as relutantes autoridades japonesas a confiscar algumas das importações, mas esses atos não passaram de contratempos.

Do ponto de vista ecológico, a resposta da Mitsubishi à diminuição da oferta de atum azul – agravando o problema, na verdade – é imoral e até obscena. De um ponto de vista estritamente econômico, no entanto, é bem lógica e até inteligente, porque quanto menos atuns azuis houver no oceano, mais valioso se torna o estoque congelado da Mitsubishi. E é da natureza da competição econômica que corporações como a Mitsubishi sejam às vezes encorajadas, ou "forçadas", a fazer coisas assim. Se elas não fizerem isso, outros provavelmente o farão. De fato, a Mitsubishi não é a única empresa japonesa que está congelando atum azul, mas apenas a mais conspícua. É assim que "a tragédia dos comuns" tende a atingir uma escala global.

Por que enfatizo esse exemplo específico? Porque ele aponta com extrema clareza para o problema fundamental da relação entre a civilização moderna e o mundo natural: a perversidade de qualquer sistema econômico que reduz a biosfera (da qual os humanos fazem parte, é claro) a um *meio* de alcançar outra coisa. Esse problema não é exclusivo do nosso capitalismo, pois também existia na União Soviética e na China pré-capitalista. Nem se trata de um problema exclusivo da modernidade, já que muitas civilizações ao longo da história (em contraste com algumas sociedades de baixa população das primeiras nações) exploraram o meio ambiente até o limite de suas tecnologias. O incomparável hoje é a combinação de tecnologias extraordinariamente poderosas com um crescimento populacional sem precedentes e um sistema econômico que precisa continuar expandindo para evitar o colapso.

Em nosso caso, a perversidade que nos aprisiona subordina o mundo natural à meta do lucro. O capitalismo corporativo tem sido incrivelmente criativo e, para muitos de nós, uma fonte de liberdade e oportunidade consideráveis. Ainda assim, tornou-se muito problemático. Aqui e em outras partes deste livro, quero refletir particularmente sobre a relação entre meios e fins/metas. Por ironia, o que é especialmente interessante sobre a versão capitalista de meios e fins é que o *fim* que se busca – lucratividade – é... realmente apenas outro *meio*.

O lucro, é claro, significa dinheiro. Como usamos dinheiro todos os dias, achamos que o entendemos, mas, por seu uso ser tão perfeita-

O PROBLEMA É A MUDANÇA CLIMÁTICA? 53

mente integrado no resto de nossas vidas, geralmente não apreciamos o fato de que dinheiro em si não vale nada. Não podemos dormir debaixo das notas de papel em nossas carteiras ou comer os números digitais em nossas contas bancárias. Ao mesmo tempo, o dinheiro também é a coisa mais valiosa de todas porque é nosso meio de troca. Pode ser inútil e o que há de mais valor, pois dinheiro é um *símbolo* social construído (e legalmente aplicado) – possivelmente o mais importante que temos, porque a civilização como a conhecemos não poderia funcionar sem ele. É, como a água, o "solvente universal" que permite uma coisa se transformar em outra. Podemos usar dinheiro para adquirir praticamente todos os nossos objetos de desejo, o que incentiva uma segunda função: a de depósito de valor, pois podemos economizar dinheiro, ou seja, acumulá-lo.

Há algo desagradável no amor ao próprio dinheiro (em vez das coisas específicas que ele pode comprar) porque isso é apego a um símbolo sem valor em si. O antropólogo Weston LaBarre chamou o "complexo do dinheiro" de psicose normalizada, "um sonho institucionalizado que todos estão tendo ao mesmo tempo". Mas já que tendemos irrefletidamente a equiparar satisfação de desejos com felicidade, psicológica e talvez inevitavelmente, o dinheiro acaba representando a possibilidade de ser feliz. O dinheiro se transforma em um "puro" meio que engole todos os fins: "felicidade abstrata" (nas palavras de Schopenhauer) que leva, portanto, os incapazes de desfrutar felicidade concreta ao deleite em acumulá-lo. O dinheiro se torna "desejo congelado" – não desejo por qualquer coisa em particular, mas símbolo para a satisfação do desejo em geral. E o que disse o Buda sobre o desejo?

Ecologicamente, o problema é que nossa fixação institucionalizada no lucro e na geração de dinheiro ofuscam agora nossa apreciação do mundo natural, ou seja, tornamo-nos obcecados em explorar e fazer mau uso do verdadeiro tesouro – uma biosfera vicejante com florestas saudáveis e solo fértil, oceanos cheios de vida marinha, e assim por diante – a fim de maximizar os números em contas bancárias. *Acabamos sacrificando tudo que é real por um símbolo sem valor intrínseco, trocando o que há de mais valioso por algo absolutamente sem valor.* E por causa de nossa preocupação coletiva com esse símbolo, muitas coisas que pretendemos comprar com ele podem não estar mais disponíveis no futuro.

Ditado indígena americano: "Quando a última árvore for cortada, o último peixe pescado, o último rio envenenado, só então perceberemos que não se pode comer dinheiro".

Isso sugere o porquê da eco-crise como um todo ser sintoma de uma emergência ainda maior e revela o dilema de uma civilização cuja principal obsessão é incompatível com os valores budistas. A lógica degenerada que acabei de esboçar implica que, mais cedo ou mais tarde, nosso foco coletivo em lucratividade e crescimento infinito – produção e consumo sempre crescentes, exigindo a exploração cada vez maior de "nossos recursos naturais" – vai, de modo inevitável, dar de frente com os limites do planeta. "O que o clima precisa para evitar o colapso é uma contração no uso de recursos pela humanidade; o que nosso modelo econômico exige para evitar o colapso é uma expansão irrestrita. Apenas um desses conjuntos de regras pode ser mudado, e não é o das leis da natureza" (Naomi Klein). Todas as economias do mundo são subsidiárias integrais da biosfera da Terra, mas continuamos sem entender.

Muitos ensinamentos budistas são relevantes aqui e serão discutidos ao longo deste livro. Como tira-gosto, temos a tradicional ênfase em interdependência e não-dualidade. Tanto individual como coletivamente, buscamos com frequência benefício próprio à custa do bem--estar alheio de maneiras que a eco-crise repudia, pois estamos todos juntos nisso, ou – melhor – porque somos todos parte um do outro. Um planeta dividido em mais de duzentos pequenos deuses (ou seja, nações), cada qual comprometido com nada maior que ele mesmo e confinado, ainda assim, por limites geográficos e ambições de outros deuses a seu redor, será sempre problemático; e do ponto de vista ecológico, o sistema de estado-nação não funciona muito bem. Quando a China queima carvão, a poluição atmosférica consequente não fica apenas nos céus chineses; nem a água radioativa do desastre nuclear de Fukushima se mantém dentro das águas costeiras japonesas.

A crise ecológica está esfregando nosso nariz no fato básico que continuamos tentando ignorar: gostemos ou não, no sentido que mais importa, somos todos um.

A PERDA DO SAGRADO

Mencionei anteriormente que nosso presente relacionamento com o mundo natural – explorando-o como meio para outros fins – é singular por causa das tecnologias especialmente poderosas, o crescimento populacional explosivo e a necessidade de nosso sistema econômico continuar expandindo. Outro fator importante não deve ser esquecido: abusamos da Terra do modo que fazemos porque a visão de mundo predominante a respeito da natureza racionaliza esse abuso. É como compreendemos o mundo, e quem somos, que incentiva a obsessão com crescimento econômico e consumo, seja qual for o preço ecológico.

Claro que precisamos usar os recursos naturais que o mundo fornece para sobreviver e prosperar – é isso que todas as outras espécies também fazem, tão bem quanto podem. O problema atroz é que, embora sejamos completamente dependentes do mundo natural, nós humanos nos sentimos separados dele. Na crença de que somos *a* espécie superior, reificamos o mundo em um ambiente externo, no qual estamos "inseridos" por acaso. Em contraste, considere a perspectiva da maioria das tradições indígenas. Muitos povos originários expressam gratidão aos animais que capturam, por permitirem ser capturados e comidos. Reza uma lenda *salish*, por exemplo, que os salmões adentram intencionalmente o mundo humano para oferecer seus corpos como alimento. "Os salmões são uma raça orgulhosa; ficam felizes em vir a terra todos os anos e dar sua rica carne para alimentar as pessoas, mas devem ser tratados com respeito" (Donna Joe, *Salmon Boy*). Invariavelmente, essa dádiva traz consigo uma responsabilidade: não pegar mais do que o necessário. Hoje, porém, nossa economia de mercado desconhece tais restrições, pois qualquer ideia de um relacionamento recíproco com seres não humanos é um mito ultrapassado que superamos. Ou acreditamos que sim.

Não por acaso a crise ecológica se desenvolveu em seu tempo e lugar, num mundo moderno que, no que concerne a atividade econômica, é decididamente *secular* – mundano, irreligioso e materialista. Muitas pessoas tomam essa secularidade como certa, supondo que, uma vez removidas as crenças supersticiosas, a visão secular moderna é um relato preciso do que o mundo realmente é. Mas secularidade não é apenas o mundo cotidiano em que realmente vivemos. É uma compreensão historicamente condicionada de onde estamos e o que somos – uma visão de mundo, além disso, que se torna controversa quando buscamos suas origens e implicações.

O mundo secular em que hoje acreditamos viver era originalmente a metade de uma dualidade, e permanece assombrado pela perda de sua outra metade. A modernidade se desenvolveu a partir de uma separação entre a transcendência divina e um mundo material *des*-espiritualizado. Até a era moderna, acreditava-se que Deus era a fonte de significado e valor, e então, quando Deus finalmente desapareceu nas nuvens, fomos largados à nossa própria sorte naquilo que restou: um universo mecanicista dessacralizado.

No início do Renascimento, os europeus ainda entendiam a Terra e suas criaturas de acordo com um paradigma orgânico e hierárquico. Tudo, incluindo a sociedade humana, tinha seu lugar próprio dentro de um cosmos organizado, criado e sustentado por Deus. A "filosofia natural", antigo nome da ciência, era uma busca pela compreensão dos trabalhos de Deus no mundo natural. Como a natureza manifesta a mente e a vontade de Deus? Como suas criaturas incorporam a "assinatura" divina? E, o mais importante, o que essa compreensão do mundo revela sobre nosso papel nele e o significado de nossas vidas? Observe que essa perspectiva espiritual não separa fatos de valores. A tentativa de descobrir o *que é* não se distinguia da necessidade existencial de determinar como nós (enquanto parte do que é) devemos viver. No plano cósmico de Deus elas eram não-duais.

Nos séculos XVI e XVII essa visão de mundo medieval colapsou, juntamente com as instituições que a apoiavam, gerando uma enorme ansiedade. O tapete foi puxado sob os pés da religião (a Reforma), do governo (insurreições e revolução generalizadas), da guerra (a pólvora tornou-a mais agressiva), da economia (novas organizações empresariais, especialmente corporações, e a descoberta de novas terras), da ciência (o colapso do aristotelismo) e por último, mas não menos importante, da própria natureza (um número excepcional de desastres naturais inclusive mau tempo, más colheitas, fome e pragas que levaram a motins, banditismo e assim por diante).

O PROBLEMA É A MUDANÇA CLIMÁTICA?

A velha ordem estava morrendo e ninguém sabia qual nova ordem, se alguma, iria substituí-la. As principais características do nosso mundo moderno – entre elas o estado-nação, o capitalismo e a ciência mecanicista – se desenvolveram e convergiram durante o caos daqueles séculos.

Essa crise teve início, em grande medida, com a Reforma Protestante. Lutero e Calvino eliminaram a intrincada teia de mediação (por sacramentos, padres, ícones, dias santificados, monasticismo, peregrinações e tudo mais) entre Deus e este mundo – uma rede que havia praticamente constituído a dimensão sagrada deste mundo. Para crentes protestantes, o mistério e o milagre foram perdendo sua relevância de modo a abrir caminho para as explicações materialistas da ciência e os interesses materialistas do capitalismo. Em *The Sacred Canopy* (O Dossel Sagrado), Peter Berger descreve essa visão de mundo emergente como aquela em que "a realidade está polarizada entre uma divindade radicalmente transcendente e uma humanidade radicalmente 'caída' e desprovida de qualidades sagradas. Entre elas está um universo totalmente 'natural', decerto criado por Deus, mas em si mesmo desprovido do que é numinoso".

O resultado desse complexo processo histórico (que estou simplificando, é claro) é que a religião se tornou, de modo significativo, privatizada. Passou-se a entender que Deus estava muito acima dos sórdidos assuntos deste mundo corrompido, mas também no fundo do coração humano. Deus foi chutado para o andar de cima ao mesmo tempo em que o princípio de um relacionamento direto e pessoal com Ele tornou-se santificado. "Cada homem é seu próprio sacerdote", declarou Lutero. Mas onde Deus praticamente deixou de estar foi em nossas instituições políticas e econômicas e no mundo natural. Como disse o teólogo Dan Maguire em *Ethics for a Small Planet* (Ética para um Pequeno Planeta): "Projetar a experiência do sagrado em um Deus imaterial é defraudar a sacralidade como dimensão da vida material e transformá-la em objeto de adoração estranho à vida, por estar além do nosso mundo". E além dos ecossistemas da Terra.

No entanto, os primeiros cientistas mais responsáveis pela nova visão de mundo – Copérnico, Galileu, Kepler, Newton – eram também profundamente religiosos e concebiam este mundo em relacionamento com outro mais elevado. Todos eles ainda acreditavam em um Criador, embora cada vez mais distante, e desenvolveram um novo paradigma: Deus governa o universo não através de uma hierarquia de subordinados espirituais, mas com um sistema racional de "leis ocultas". Usamos a mesma palavra para *leis* impostas por legisladores e *leis* da natureza porque os arquitetos da visão moderna acreditavam que as leis naturais também eram impostas, por Deus. Enquanto a cosmovisão medieval percebia a influência de Deus pelo crivo de agentes (anjos, por exemplo) de variados graus de bem-aventurança e poder, o grande Geômetra não devia ser identificado com o mundo decadente que, de modo impessoal e distante, ele governava. Como escreveu o astrônomo Johannes Kepler: "Meu objetivo é mostrar que a máquina celestial deve ser comparada não a um organismo divino, mas a um mecanismo de precisão". E, depois de dar corda naquele relógio, Deus não era necessário para mantê-lo funcionando.

Já que Deus era a fonte última de toda bondade, isso também dava origem a uma divisão cada vez mais nítida entre fato e valor. Enquanto a Divindade foi aos poucos desaparecendo nos céus, o mundo material também foi deixado para trás, lenta mas seguramente, perdeu seu valor sagrado. Isso abriu novas e empolgantes possibilidades. Aqueles que compreendiam as leis ocultas de Deus podiam usá-las para manipular a natureza em benefício próprio. Mas havia uma desvantagem: "O processo de mecanização da imagem do mundo removeu os controles sobre a exploração ambiental, que eram parte inerente da visão orgânica de que a natureza era viva, sensível e respondia à ação humana" (Carolyn Merchant). Estava definida a trajetória que levaria à nossa crise ecológica.

Para os reformadores protestantes, a vida secular neste mundo era uma preparação para nosso destino final: a eternidade com Deus em um lugar melhor. A evaporação dessa dimensão sagrada – de Deus, garantidor de que a vida tem significado e de que a salvação é possível – nos deixou apenas a dimensão secular. A consciência moderna ficou privada da orientação espiritual que a Reforma originalmente promoveu.

Com Darwin, a transição para uma ética secular completou-se. Darwin refutou o "argumento do desenho", última prova remanescente da existência de Deus. Já que a evolução por seleção natural não precisa de um Deus para dirigi-la, uma Divindade todo-poderosa não era mais necessária para criar os organismos extraordinariamente complexos – entre eles, nós – que compõem a teia da vida. Na verdade, o novo mundo secular não tinha nenhuma necessidade de Deus.

Esse golpe darwiniano de misericórdia deixou o Ocidente moderno perdido, para o bem ou para o mal, em um mundo mecanicista e dessacralizado, sem nenhum código moral inquebrantável para regular como as pessoas se relacionam umas com as outras. O novo universo secular, governado por leis físicas impessoais, é indiferente a nós e nosso destino. A morte não é mais o portal para outra realidade, apenas o final da que aí está. Podemos, como indivíduos, não acreditar nisso ou nos sentir pessoalmente oprimidos por suas implicações, mas a secularização continua a remodelar nossas instituições econômicas, políticas e educacionais. Na medida em que essa mentalidade moderna se espalha para além do Ocidente, determina cada vez mais o ambiente social em que as pessoas ao redor do globo devem viver e agir.

Embora o próprio Darwin estivesse preocupado com as implicações religiosas de seu trabalho, sua teoria logo foi usada para racionalizar uma nova ética social. A vida humana também é uma luta, na qual apenas os mais aptos sobrevivem e prosperam. Isso racionalizou as formas mais impiedosas de competição econômica e política, como mostra a história recente. Conforme já foi observado, se a Mitsubishi não monopolizar o mercado (legal e ilegal) de atum azul, alguma outra empresa provavelmente o fará.

Além disso, se os humanos são meros acidentes de mutação genética, e se não temos nenhum papel especial a desempenhar em um cosmos mecanicista sem sentido, o que fazer senão desfrutar ao máximo nossas possibilidades materiais, pelo tempo que pudermos... se pudermos? Isso, por sua vez, leva à preocupação coletiva com o aumento cada vez maior da produção e do consumo, em competição com outros que buscam acesso aos mesmos recursos e oportunidades.

Essa compreensão de onde estamos e do que somos faz parte do iceberg submerso de causas subjacentes que mencionei anteriormente. Em geral presumimos que isso representa exatamente o que o mundo é, em vez de um ponto de vista que recentemente se tornou questionável. Muitas civilizações pré-modernas, com visões de mundo muito diferentes, experimentaram seus próprios colapsos ecológicos, às vezes devido ao esgotamento dos recursos naturais (veja *Collapse* [Colapso], *de* Jared Diamond, para alguns relatos históricos). Hoje, no entanto, está claro que uma compreensão mecanicista de um mundo natural reificado, com o qual não temos relação íntima e, portanto, nenhuma responsabilidade para com ele, é parte importante da crise ecológica, e desafiar essa visão de mundo deve ser parte da solução.

O budismo surgiu na Ásia e se desenvolveu em contextos culturais muito diferentes, e assim suas perspectivas não se encaixam perfeitamente nessa história. Os ensinamentos budistas não comportam um Deus Criador do tipo abraâmico, mas tampouco suas visões de mundo tradicionais aceitam confortavelmente as alternativas ateístas ou agnósticas oferecidas pela modernidade secular. A abordagem budista que será apresentada no próximo capítulo é muito mais compatível com as concepções alternativas que questionam o materialismo secular, sem defender o retorno à ideia de um Mecânico transcendente.

De acordo com o paradigma secular prevalente, a evolução biológica é o resultado de processos físicos que operam segundo leis impessoais. É um modelo mecanicista. Mas como será se, em vez de reduzir biologia a física e considerar o cosmos uma máquina, tentarmos entender o universo físico de acordo com um modelo biológico – isto é, como algo *vivo*? Como Joseph Campbell observou: "Se quiser mudar o mundo, você precisa mudar a metáfora".

Na verdade, há um problema fundamental com o modelo mecanicista. Uma máquina pressupõe um fabricante de máquina: alguém que a desenha e constrói. Um cosmos semelhante a uma máquina fazia sentido, enquanto o universo era entendido como criado por Deus de acordo com o plano e os propósitos divinos. Foi assim que os fundadores da ciência moderna – Galileu, Kepler, Descartes, Newton e outros – entenderam as leis da natureza. Sem um Criador, no entanto, uma metáfora mecânica realmente não faz sentido. Então, que outros modelos são possíveis? Na medida em que o universo desenvolve constantemente estruturas novas e mais complexas, ele é mais bem entendido como um *organismo*?

As diversas metáforas têm implicações muito diferentes. Máquinas podem ser desmontadas por partes, limpas, e depois de remontadas funcionam melhor do que nunca – mas não tente fazer isso com um animal! Isso porque as várias partes de um mecanismo não têm vida em si mesmas; mas um organismo é vivo, sendo seus componentes mais bem compreendidos como órgãos.

Isso é mais coerente com a Rede de Indra, metáfora Mahayana que compara o cosmos a uma teia multidimensional, com uma joia em cada nó. Cada uma dessas joias reflete todas as outras, e cada um desses reflexos também reflete os demais, *ad infinitum*. De acordo com Francis Cook em *Hua-yen Buddhism* (Budismo Hua-yen), a Rede de Indra "simboliza um cosmos em que existe uma inter-relação infinitamente repetida entre todos os membros do cosmos". Como a totalidade é um vasto corpo de membros, cada um sustentando e definindo todos os outros, "o cosmos é, em suma, um organismo autocriado, autossustentável e autodeterminado". Na linguagem biológica, tal cosmos é *auto-organizado*.

Se o cosmos é um organismo auto-organizado, talvez a Terra também seja mais do que simplesmente nosso lugar de residência, mais do que uma fonte de recursos a ser explorada como quisermos. Isso significa que nossa espécie é algo mais do que um produto acidental de mutação genética aleatória? Um órgão é uma coleção de tecidos formando uma unidade estrutural com função específica dentro do organismo maior. Serão os seres humanos um órgão do Grande Organismo? Se forem, qual é nossa função?

Voltaremos a essas questões.

UMA CRISE ESPIRITUAL

Este capítulo argumentou que, apesar de urgente, a crise climática é apenas parte de um desafio muito maior que inclui sobrepesca, poluição plástica, hipertroficação, exaustão do solo fértil, extinção de espécies, esgotamento de água doce, POPs disruptivos de hormônios, lixo nuclear, superpopulação e (...adicione aqui seus "favoritos"), entre vários outros problemas ecológicos e sociais que poderiam ser mencionados. A maioria desses transtornos, se não todos, estão ligados a uma visão de mundo mecanicista questionável, que explora o mundo natural livremente porque não atribui nenhum valor inerente à natureza. Aliás, nem à natureza nem a nós, visto que seres humanos também são entendidos como nada mais do que máquinas complexas, de acordo com a compreensão materialista predominante.

Essa visão mais ampla aponta para algo maior do que um problema tecnológico, um problema econômico, um problema político ou um problema de cosmovisão. Sugeri anteriormente que a civilização moderna é autodestrutiva porque perdeu o rumo, mas há outra maneira de caracterizar isso: a humanidade está passando por uma crise *espiritual* coletiva.

Os ensinamentos budistas tradicionais compreendem nossos problemas básicos em termos individuais. Meu dukkha (sofrimento) está condicionado a meu carma, meu desejo e minha ignorância; logo o caminho para resolvê-los também é individual. A ideia de uma crise civilizacional – de um dukkha coletivo e institucionalizado que também deve ser tratado coletivamente – é nova para o budismo, mas ainda assim inevitável ante nossa precária situação. O desafio que nos confronta é espiritual porque vai ao âmago de nossa compreensão do mundo, inclusive de nosso papel e lugar nele. Será a eco-crise a maneira da Terra nos dizer "acorde ou sofra as consequências"?

Nesse caso, não podemos esperar que o que buscamos possa ser suprido por nenhuma solução tecnológica, econômica, política, nem por nova cosmovisão científica, seja por ela mesma ou em combinação com outras. Qualquer que seja o caminho a seguir, certamente será necessário incorporar essas contribuições, mas é preciso algo mais.

É aqui que o budismo tem algo importante a oferecer. Mesmo assim, a crise ecológica também é uma crise para o modo como entendemos e praticamos o budismo, o qual necessita hoje esclarecer sua mensagem essencial, se quiser exercer seu potencial libertador em nosso mundo ameaçado, moderno e secular.

Será que o próprio budismo precisa despertar?

Todos nós somos aprendizes da mesma mestra com que as instituições religiosas originalmente trabalharam: a realidade.
— GARY SNYDER

Talvez, em um sentido bem real, uma grande instituição seja o túmulo do fundador. [...] A maioria das organizações surgem como órgãos fundados para a extinção indolor das ideias dos fundadores.
— ALBERT GUERARD

A terra não tem como escapar do céu. Fuja ela para cima ou para baixo, o céu a invade, energiza, torna-a sagrada
— MEISTER ECKHART

Ninguém se torna completamente humano sem dor.
— ROLLO MAY

Se revelares o que há dentro de ti, o que for revelado te salvará. Se não revelares o que há dentro de ti, o que não for revelado te destruirá.
— JESUS, no Evangelho de Tomé

Aquele que realmente renuncia, na verdade se incorpora ao mundo e expande seu amor até abraçar o mundo inteiro... você sentirá que o mundo inteiro é seu lar.
— RAMANA MAHARSHI

A sabedoria diz: "Não sou nada". O amor diz: "Eu sou tudo". Entre esses dois minha vida flui.
— NISARGADATTA

Quando sabes quem és, podes ter alguma utilidade.
— LINJI

2

A Crise Ecológica É Também
Uma Crise Budista?

O capítulo anterior falou sobre um iceberg – não um iceberg real, como aqueles que se despegam em número recorde na Antártida, mas metafórico, para aproveitar o fato bem conhecido de que apenas uma fração de um iceberg é visível acima da linha d'água. Essa analogia foi usada para explicar nossa situação hoje: bem no topo, a ponta do que podemos ver é a emergência climática. Abaixo disso, mas ainda acima do nível do mar, está o resto da crise ecológica emaranhado em problemas de justiça social. A parte maior, submersa e geralmente despercebida, é que constitui a essência do problema: uma civilização agora global que perdeu o rumo e parece estar se autodestruindo.

Este capítulo discute outro iceberg: o próprio budismo. Considerando as maneiras como os ensinamentos do Buda e o movimento que ele fundou evoluíram histórica e geograficamente, no entanto, pode ser melhor falar de "tradições budistas" ou mesmo de "budismos". A multiplicidade de perspectivas budistas é muito pertinente aqui, pois implica diferentes formas de responder ao desafio ecológico. É importante lembrar também que todos os sutras budistas tradicionais e seus comentários são pré-modernos. Algumas doutrinas são mais compatíveis com o que agora entendemos (ou acreditamos) sobre a natureza do mundo; não por acaso, elas parecem ser as mais adequadas à nossa situação atual. Dada a diversidade de ensinamentos, é inevitável enfatizar algumas mais do que outras, mas isso não significa que as perspectivas budistas devam se subordinar a pontos de vista modernos (ou pós-modernos). O diálogo se torna mais valioso quando cada lado questiona aquilo que o outro considera óbvio – como a crise ecológica nos incita, e este capítulo tenta fazer.

Bem na ponta do iceberg budista, que corresponde à crise climática, vamos colocar esse novo avanço chamado *ecodarma,* que explora os aspectos dos ensinamentos que mais podem nos ajudar a entender e enfrentar a crise ecológica. Dar tanta proeminência a esse termo relativamente novo já sugere um questionamento. A crise ambiental não é fenômeno recente e tem sido notícia de primeira página há mais de meio século. O livro *Silent Spring* (Primavera Silenciosa) de Rachel Carson, publicado em 1962, documentou os efeitos deletérios dos pesticidas, inspirando a criação da Agência de Proteção Ambiental dos EUA em 1970. Em 1986, James Hansen falou ao Congresso de Washington sobre a urgência da crise climática, e essa questão ganhou muito mais destaque na Eco-92 (Conferência das Nações Unidas sobre o Meio Ambiente e o Desenvolvimento) no Rio de Janeiro. Na minha experiência, no entanto, a maioria dos praticantes e grupos budistas não se preocupou muito com a crise ecológica antes de 2010, pelo menos não nos Estados Unidos, e duvido que tenha sido muito diferente com grupos budistas em outros países desenvolvidos.

Em 2009, a Wisdom Publications lançou uma antologia intitulada *A Buddhist Response to the Climate Emergency* (Uma Resposta Budista à Emergência Climática), co-editada por mim, John Stanley, e Gyurme Dorje. Como a maioria das compilações, misturou várias coisas, mas incluiu boas contribuições do Dalai Lama, de Thich Nhat Hanh, do Karmapa e de vários outros proeminentes professores tibetanos – Bhikkhu Bodhi, Joanna Macy, Robert Aitken, Matthieu Ricard e Joseph Goldstein, entre outros. No entanto, e para nossa surpresa, quase não despertou interesse na comunidade budista. Quando pergunto em minhas palestras e workshops se alguém a viu ou já ouviu falar dela, quase todos balançam a cabeça em negativa. Quase na mesma época em que o livro foi publicado, comecei a oferecer workshops e retiros de meditação enfocando ecodarma e engajamento social budista. Muitos desses eventos foram cancelados (ou deveriam ter sido) porque poucas pessoas se inscreveram. Eu me perguntei se aquilo era devido mais a mim do que aos próprios problemas, mas essa experiência não foi só minha. Nos últimos anos, o interesse pelo ecodarma aumentou dramaticamente entre professores de Darma nos EUA, e a maioria deles relata a mesma reação: quando se anuncia alguma palestra sobre budismo e meio ambiente, o público é menor do que de costume. *Por quê?*

Talvez a principal organização budista nos Estados Unidos, focada explicitamente nas questões ecológicas, seja a *One Earth Sangha* (Sanga Uma Só Terra), fundada por Kristin Barker e Lou Leonard em 2013. Mais recentemente, em 2017, o Rocky Mountain Ecodharma Retreat Center (Centro de Retiros de Ecodarma das Montanhas Rochosas) foi inaugurado perto de Boulder, Colorado. Ambos estão fazendo um trabalho importante – e ambos continuam com dificuldades financeiras. Evidentemente, o apoio a eles é de baixa prioridade para budistas americanos.

Assim como a mudança climática é apenas parte de uma crise ecológica muito maior, o ecodarma é uma pequena porção do budismo socialmente engajado, e a indiferença ou resistência ao ecodarma é parte de um problema maior com o budismo socialmente engajado nos Estados Unidos. No início da Grande Recessão de 2008, as duas maiores organizações budistas engajadas, a Buddhist Peace Fellowship e o Zen Peacemakers, quase entraram em colapso devido a severa redução de apoio financeiro e lutam, desde então – com bastante eficácia, é meu prazer acrescentar –, fortemente limitados pelas circunstâncias. Observa-se, no entanto, que algumas das outras instituições budistas vão prosperando financeiramente. Nos últimos anos, por exemplo, a Spirit Rock, no norte da Califórnia, teve sucesso em arrecadar fundos para um programa de expansão multimilionário. Perceber essa diferença não é, de forma alguma, uma crítica a tal realização, mas o contraste no apoio público é impressionante. Há muito dinheiro disponível para centros de meditação de alto nível, onde indivíduos podem fazer retiros, mas aparentemente não para organizações que buscam promover o lado social e ecológico dos ensinamentos budistas.

Isso não significa que o budismo socialmente engajado tenha fracassado. De certa forma, talvez ele seja vítima de seu próprio sucesso, visto que alguns tipos de *serviço* – trabalho em prisões, cuidados paliativos, cozinhas para desabrigados e assim por diante – já são reconhecidos amplamente como parte, às vezes até parte importante, do caminho budista. Observe que geralmente são indivíduos ajudando outros indivíduos. Minha percepção é que na última geração os budistas melhoraram muito sua capacidade de tirar do rio as pessoas que se afogam, mas – eis o problema – não melhoraram no sentido de perguntar por que tantas pessoas estão se afogando. Grupos de Darma em prisões ajudam individualmente presos muito ansiosos, às vezes, por aprender sobre budismo, mas esses grupos nada fazem para resolver problemas estruturais do sistema de justiça criminal, inclusive disparidades raciais e superlotação. Em 2014 nos Estados Unidos, o número de crianças sem-teto frequentando escolas bateu novo recorde: cerca de 1,36 milhão, quase o dobro do número em 2006-2007. Por que o país mais rico da história da humanidade tem nas escolas tantas crianças sem-teto e de longe a maior população carcerária do mundo?

Os budistas são melhores em tirar indivíduos do rio porque é isso que a tradição budista enfatiza. Somos ensinados a largar nossos preconceitos, a fim de ter a experiência mais imediata do que está acontecendo aqui e agora; quando encontramos um morador de rua que está sofrendo, por exemplo, devemos responder compassivamente. Mas como responder com compaixão a um sistema social que está criando mais moradores de rua? Analisar instituições e avaliar políticas envolve modalidades conceituais cujo uso as práticas budistas tradicionais não encorajam.

Uma disparidade semelhante se aplica às maneiras como os budistas têm respondido à crise climática e outras questões ecológicas. Meu palpite é que a maioria das pessoas que leem este livro foram até agora minimamente impactadas pelo aquecimento global, exceto talvez pelas contas de ar condicionado um pouco mais altas. Nós não observamos pessoalmente o gelo derretendo no Ártico nem o permafrost a derreter na tundra; tampouco tornamo-nos refugiados do clima porque o aumento do nível do mar está inundando nossas casas. Na maioria das vezes, as consequências estão sendo sentidas em outros lugares, por pessoas menos afortunadas. O budismo tradicional se concentra no dukkha individual devido ao carma e desejo de cada um. O carma coletivo e as causas institucionais de dukkha são mais difíceis de abordar, tanto doutrinária quanto politicamente.

Lembro-me de um conhecido comentário do arcebispo brasileiro Dom Helder Câmara: "Quando dou comida aos pobres, me chamam de santo. Quando pergunto por que os pobres não têm comida, me chamam de comunista". Existe uma versão budista disso? Talvez esta: "Quando ajudam moradores de rua e presidiários, os budistas são chamados de bodisatvas, mas quando perguntam *por que* existem tantos sem teto e tantas pessoas da maioria global enfiadas na prisão, outros budistas os chamam de esquerdistas ou radicais, dizendo que tal ação social não tem nada a ver com budismo".

Talvez o *serviço* individual equivalente que se aplica à emergência climática seja a mudança do estilo de vida pessoal, como compra de carros híbridos ou elétricos, instalação de painéis solares, vegetarianismo, comida produzida localmente, e assim por diante. Esse "consumo verde" é importante, é claro, mas a transformação individual por si só nunca será suficiente.

Como escreve Bill McKibben,

> Simplesmente não podemos nos mover rápido o suficiente, um por um, para fazer qualquer diferença real na contagem atmosférica. Aqui está a matemática, obviamente imprecisa: talvez 10 ou 15 por cento da população se preocupem o suficiente para fazer grandes esforços para mudar. Se todos fizerem tudo o que puderem, em suas casas e escritórios e assim por diante, então, bem... nada muda muito. A trajetória de nosso horror climático permanece quase a mesma.
>
> Mas se 10 por cento das pessoas, depois de terem trocado as lâmpadas, fizerem todo o esforço possível para mudar o sistema? Isso basta. Isso é mais do que suficiente.

Voltando ao iceberg budista, todos os tipos de engajamento social, incluindo o ecodarma, formam a ponta no topo. Abaixo deles, mas ainda acima do nível do mar, há algo muito maior e ainda em crescimento: o movimento *mindfulness* (atenção plena), que tem tido incrível sucesso nos últimos anos. No mundo budista, no entanto, ele também tem se tornado cada vez mais controverso. Não vou me aprofundar aqui nesse debate, exceto para notar que, embora as práticas de mindfulness possam ser muito benéficas, elas também podem desencorajar a reflexão crítica sobre as causas institucionais do sofrimento coletivo, que pode ser chamado de *dukkha social*. A advertência de Bhikkhu Bodhi sobre a apropriação de ensinamentos budistas se aplica ainda mais à mercantilização do movimento mindfulness, na medida em que esse movimento se despojou do contexto ético que o budismo tradicionalmente oferece: "Na ausência de um crítica social aguda, as práticas budistas podem ser facilmente usadas para justificar e estabilizar o *status quo*, reforçando assim o capitalismo de consumo". Em outras palavras, as práticas budistas de atenção plena podem ser empregadas para normalizar nossa obsessão com a produção e o consumo cada vez maiores. Em ambos os casos, o foco na transformação pessoal pode desviar nossa atenção da importância da transformação social.

O contraste entre o impacto extraordinário do movimento mindfulness e a influência muito menor do budismo socialmente engajado é impressionante. Por que um teve tanto sucesso, enquanto o outro se arrasta com dificuldade? Essa discrepância pode estar mudando um pouco: um número crescente de professores de mindfulness se preocupa em englobar questões de justiça social, e a eleição de Donald Trump incentivou muitos budistas a se envolverem mais. No entanto, o foco usual da prática budista harmoniza-se com o apelo usual de mindfulness, e ambos estão de acordo com o individualismo básico da sociedade norte-americana – "O que tem aí para mim?" Mas será que outros fatores estimulam essa disparidade entre mindfulness e engajamento social? Existe alguma coisa essencial nas tradições budistas que possa nos ajudar a entender a aparente indiferença de muitos budistas com a crise ecológica?

Essas perguntas nos levam às partes fundamentais e mais profundas do iceberg budista, geralmente despercebidas sob a superfície. Meu ponto aqui, como no capítulo anterior, é que normalmente não percebemos as implicações do que está abaixo para o que está acima. Precisamos examinar essa relação, para que o caminho budista realize seu potencial no mundo moderno e se torne tão libertador quanto precisamos que seja.

O DESAFIO

Alguns anos atrás, eu estava lendo um bom livro de Loyal Rue, intitulado *Everybody's Story: Wising Up to the Epic of Evolution* (História de Todo Mundo: Averiguando a Epopeia da Evolução) e deparei com uma passagem que me deixou pasmo, por cristalizar tão bem um desconforto com o budismo (ou alguns tipos de budismo) que vinha me incomodando. O trecho não se refere particularmente ao budismo, mas a religiões da "Era Axial" que se originaram em torno da época do Buda (os itálicos são meus):

> A influência das tradições axiais continuará a diminuir, à medida que fica mais evidente que seus recursos são inadequados aos desafios morais da problemática global. Em particular, na medida em que essas tradições enfatizaram o *dualismo cosmológico* e a *salvação individual,* podemos dizer que elas encorajaram uma atitude de indiferença em relação à integridade dos sistemas naturais e sociais.

Embora a linguagem seja acadêmica, a afirmação é clara: na medida em que as tradições da Era Axial (que incluem budismo, vedanta, taoísmo e religiões abraâmicas como judaísmo, cristianismo e islamismo) enfatizam o "dualismo cosmológico" e a "salvação individual", elas encorajam indiferença a questões de justiça social e à crise ecológica.

Considerei as implicações dessa afirmação com alguma profundidade em *A New Buddhist Path* (Um Novo Caminho Budista) e não vou repetir essa discussão aqui. No entanto, o ponto de Loyal Rue é especialmente relevante para qualquer avaliação do budismo socialmente engajado, pois destaca o desafio básico. Não se trata de um problema intransponível, como veremos, porque a tradição budista é complexa, e sua crítica não se aplica igualmente a todas as suas doutrinas. Responder a afirmação dele nos leva a distinguir entre algumas visões incompatíveis e ajuda a esclarecer os ensinamentos mais relevantes para nossa situação hoje.

O que Loyal Rue chama de "dualismo cosmológico" é a crença de que além deste mundo existe outro, geralmente tido como melhor ou de alguma forma superior. Esse é um aspecto importante das tradições teístas, embora elas não vejam necessariamente aquela realidade mais alta da mesma maneira. Enquanto todas as tradições abraâmicas distinguem Deus do mundo que Deus criou, o judaísmo clássico é mais ambíguo sobre a possibilidade de eterna bem-aventurança após a morte, com Deus no paraíso. Para o cristianismo e o islamismo, essa possibilidade está no cerne de suas mensagens religiosas, como comumente entendidas. Se formos bem comportados aqui, podemos esperar ir para o céu. A questão é se essa abordagem torna este mundo um cenário para o drama central da salvação humana. Será que isso não desvaloriza a vida de alguém neste mundo conturbado, tornando-a um *meio* para alcançar tal objetivo?

O budismo ensina o dualismo cosmológico? Isso depende de como entendemos a relação entre samsara (este mundo de sofrimento, desejo e ilusão) e nirvana (ou *nibbana,* termo no pali original para o *summum bonum* budista). Apesar de muitas referências ao nibbana no Cânone Pali, algo permanece obscuro sobre a natureza dessa meta. A maioria das descrições são metáforas vagas (o abrigo, o refúgio e assim por diante) ou expressas negativamente (o *fim* do sofrimento, desejo e ilusão). O que é o nibbana, outra realidade ou uma diferente maneira de vivenciar este mundo? A tradição Theravada enfatiza *parinibbana,* o nibbana alcançado na morte por uma pessoa completamente desperta que não renasce mais. Uma vez que parinibbana é cuidadosamente diferenciado de niilismo – crença de que morte física é simplesmente a dissolução final de corpo e mente – a implicação parece ser a de que deve haver alguma experiência após a morte, o que sugere algum outro mundo ou outra dimensão da realidade. Isso também é apoiado pelos quatro estágios tradicionais de iluminação mencionados no Cânone Pali: o vencedor da corrente; o que retornou uma vez e renascerá no máximo mais uma vez; o que não retorna, ainda não totalmente iluminado mas que não renascerá fisicamente após a morte; e o arhat, que atingiu nibbana. Se a pessoa que não retorna continua a praticar após a morte, onde ela fica enquanto faz isso?

Se nibbana é um lugar ou estado que transcende o mundo, trata-se de uma versão de dualismo cosmológico.

A CRISE ECOLÓGICA É TAMBÉM UMA CRISE BUDISTA?

Essa visão de mundo não rejeita necessariamente o engajamento social, mas torna esse engajamento mero suporte para seu objetivo de transcendência, como Bhikkhu Bodhi explica:

> Apesar de certas diferenças, parece que todas as formas de budismo clássico situam o objetivo final da ação compassiva em uma dimensão transcendente, além do fluxo e da agitação do mundo fenomênico. Para o Mahayana, o transcendente não está de forma alguma além da realidade fenomênica, mas existe como seu núcleo interno. No entanto, quase todas as formulações clássicas do Mahayana, como a do Theravada, começam com uma desvalorização da realidade fenomênica em favor de um estado transcendente, no qual o esforço espiritual culmina.
> É por essa razão que o budismo clássico confere em essência um *valor instrumental* à atividade socialmente benéfica. Tal atividade pode ser uma das causas para a obtenção de nibbana ou a realização do estado Buda; ela pode ser valorizada, pois ajuda a criar melhores condições para a vida moral e meditativa ou a levar outros ao Darma; mas o valor último, bem supremo, situa-se na esfera da realização transcendente. Já que a ação socialmente engajada pertence a um estágio relativamente elementar do caminho, à prática de doação ou acumulação de méritos, ela tem um papel secundário na vida espiritual. O principal papel é o da disciplina interna da meditação através da qual o bem último é alcançado. E essa disciplina, para ser eficaz, requer normalmente um alto grau de *desengajamento social*. (in "Socially Engaged Buddhism and the Trajectory of Buddhist Ethical Conciousness" [Budismo Socialmente Engajado e a Trajetória da Consciência Ética Budista], com itálico original)

Notamos mais uma vez a dualidade entre meios e fins que será um tema recorrente ao longo deste livro. Bhikkhu Bodhi distingue a compreensão Theravada de transcendência, que a separa nitidamente do nosso mundo de fenômenos, da perspectiva Mahayana que entende a transcendência como "núcleo interno" da realidade fenomênica. No entanto, na opinião dele, ambas as tradições começam desvalorizando a realidade fenomênica. A questão pertinente é se "transcender este mundo" pode ser entendido de modo mais metafórico, como uma forma diferente de vivenciar (e compreender) este mundo. Na afirmação famosa de Nagarjuna, figura mais importante da tradição Mahayana, não existe a mínima diferença entre samsara e nirvana: o *kotih* (limite ou fronteira) do nirvana não é diferente do *kotih* do samsara. Essa alegação é difícil de conciliar com qualquer objetivo que priorize escapar da repetição do ciclo físico de nascimento e morte, ou transcender a realidade fenomênica. (Falarei mais sobre a afirmação de Nagarjuna no próximo capítulo.)

Nagarjuna é amplamente reverenciado como um ancestral fundador de todas as tradições budistas do Leste da Ásia, inclusive as escolas Chan/Zen que enfatizam a meditação e as escolas Terra Pura, mais devocionais. Se meu mestre Zen japonês disse alguma coisa sobre o que acontece depois que morremos, não me lembro, mas ele falou muito sobre a verdadeira natureza deste mundo e a importância de perceber isso por nós mesmos com uma experiência de *kensho* (literalmente, "ver a sua própria natureza"). Em contraste, a maioria das escolas Terra Pura do Leste asiático enfatizam o que acontece após a morte: se a pessoa tem fé em Buda Amitaba, este vai encontrá-la e a leva para seu paraíso ocidental. As condições nesse reino ideal são tão perfeitas que é relativamente fácil praticar e atingir ali o nirvana completo, aparentemente sem envolver mais nenhum relacionamento com este mundo de sofrimento, desejo e delusão.

Em lugar de escapar deste mundo sem renascer fisicamente nele, as tradições Mahayana como Chan/Zen enfatizam compreender aqui e agora que tudo (inclusive nós) é *shunya* (*ku* em japonês), geralmente traduzido como "vazio". O "vazio" de *shunyata* é, portanto, o "núcleo interno" transcendente da realidade fenomênica que Bhikkhu Bodhi menciona. Que todas as coisas são "vazias" significa, no mínimo, que não são substanciais ou autoexistentes e sim fenômenos impermanentes que surgem e desaparecem de acordo com as condições. As implicações dessa percepção de como nos envolvemos com o mundo podem ser entendidas de diferentes maneiras. Algumas vezes ela é tomada em um sentido niilista: nada é real, portanto, nada é importante. Ver tudo como ilusório desencoraja o engajamento social ou ecológico. Para que se incomodar?

O ponto importante aqui é que "agarrar-se ao vazio" pode funcionar da mesma forma que o dualismo cosmológico, ambos desvalorizando este mundo e seus problemas. A contribuição de Joanna Macy para *A Buddhist Response to the Climate Emergency* identifica esse mal-entendido como uma de várias "armadilhas espirituais que cortam o nervo da ação compassiva":

> Que o mundo fenomênico é uma ilusão. Impermanente e feito de matéria, ele é menos digno do que um reino de puro espírito. Suas dores e exigências a nós impostas são menos reais do que os prazeres ou a tranquilidade que podemos encontrar ao transcendê-las.
>
> Que sofrer é um erro. A dor que podemos sentir ao observar o mundo deriva de nossos próprios desejos e apegos. De acordo com essa visão, a libertação do sofrimento é alcançada pelo não apego ao destino de todos os seres, em vez do não apego às questões do ego.
>
> Que criamos nosso mundo de modo unilateral pelo poder de nossa mente. Nossos pensamentos subjetivos ditam a forma que as coisas tomarão. O pesar pela situação difícil do mundo é pensamento negativo. Enfrentar injustiças e perigos simplesmente cria mais conflito e sofrimento.
>
> E o corolário: que o mundo já é perfeito quando o vemos espiritualmente. A paz que sentimos é tanta que o mundo ficará em paz sem precisarmos agir.

Segundo Macy, ver este mundo como ilusão é habitar um vazio que se desprende de suas formas, no qual o fim do sofrimento envolve mais desapego ao destino dos seres do que desapego ao próprio ego. Mas o Buda não ensinou – nem sua vida demonstra – que desapego significa despreocupação com o que está acontecendo no mundo e ao mundo. Quando o Sutra do Coração afirma que "forma não é diferente de vazio", imediatamente acrescenta que "vazio nada mais é que forma." E formas – inclusive os seres vivos e ecossistemas deste mundo – sofrem.

A ênfase do Sutra do Coração na não dualidade de vazio e forma implica uma maneira diferente de entender shunyata, para além de simplesmente afirmar que nada existe por si só porque tudo depende de todo o resto. Quando nos lembramos da ênfase budista em impermanência e insubstancialidade, o "vazio" (ou "ausência de limites", nova tradução que alguns professores preferem) pode se referir a uma *potencialidade ilimitada* que é inerentemente sem forma, mas ainda assim geradora, podendo por isso tomar qualquer forma de acordo com as condições e mudando conforme essas condições mudam. Shunyata não é o mesmo que vacuidade, como Shunryu Suzuki, fundador do San Francisco Zen Center, enfatizou: "Existe algo, mas esse algo está sempre pronto a assumir alguma forma particular". Nossa maneira usual de vivenciar o mundo, inclusive a nós mesmos, reifica essas manifestações impermanentes em objetos supostamente substanciais e autoexistentes; a iluminação envolve a percepção do "vazio" de tais manifestações.

Explicar isso é esquisito, pois ao tentar dizer algo sobre "isso" – essa "pura" potencialidade sem nenhuma característica própria – a linguagem inevitavelmente transforma esse nada em algo. Nagarjuna afirma que entender mal shunyata é como agarrar uma cobra pelo lado errado, e a visão correta de shunyata talvez seja o tópico mais ferozmente discutido na filosofia Mahayana. Não cabe aqui uma visão geral desse debate, exceto para apontar que tal compreensão "potencialista" de shunyata está de acordo com o *tathagatagarbha* dinâmico e autogerador (usualmente traduzido como "natureza-Buda" porém, mais literalmente, como "útero de Buda" ou "Buda embrião") descrito nos Sutras Tathagatagarbha, bem como no Sutra de Lótus, Sutra Avatamsaka e Sutra Lankavatara, entre outros. Está de acordo também com os ensinamentos Dzogchen e implícito na visão *shentong* da escola Jonang do budismo tibetano, há muito suprimida pelos Gelugpas mas recentemente aceita por eminentes mestres como Dilgo Khyentse Rinpoche, Kalu Rinpoche e Dudjom Rinpoche. E isso é consistente com a compreensão de nosso universo, não como mecanismo sem vida de relojoaria, mas como o organismo energético e auto-organizado mencionado no capítulo anterior.

Para nossos propósitos, entender shunyata como potencial sem forma que toma forma ou "presencialidade" como tudo que vivenciamos – inclusive nós mesmos – incentiva-nos a *não* dualizar o potencial das formas que ele presencia. Isso é importante, pois significa que o objetivo da prática budista não é permanecer serenamente em pura possibilidade (isto é, não se "apegar ao vazio"), mas deixar nosso potencial inato manifestar-se de maneiras sábias e compassivas, pois elas contribuem para o bem-estar de suas formas, inclusive as múltiplas espécies da biosfera.

Loyal Rue associa a indiferença encorajada pelo dualismo cosmológico com um foco na salvação individual. No cristianismo, por exemplo, minha ida ou não para o céu não está conectada com sua ida ou não para o céu. Embora meu modo de relacionamento com você seja muito importante para meu próprio destino espiritual, ele não afeta diretamente o seu destino espiritual – depende da sua resposta. Posso sinceramente esperar que você também vá para o céu, fazendo o possível para exercer sobre você uma influência positiva, mas no fim do dia – no fim dos nossos dias – somos seres separados e nossos destinos finais estão desvinculados.

Psicologicamente, pelo menos, há algo desconcertante nessa concepção de salvação espiritual. Todos os estudos recentes que li sobre a felicidade enfatizam que o fator mais importante é a qualidade de nossas relações com os outros. Não é apenas que os relacionamentos sejam importantes; num sentido mais profundo, nós *somos* redes de relações, como a Rede de Indra sugere. A morte rompe esses laços, pelo menos os físicos, mas a noção de que um indivíduo alcança o paraíso ao ser libertado de tais complicações terrenas reforça a delusão de um eu separado que o budismo desafia.

Isso significa que não há salvação individual no budismo? Os budistas não almejam o céu: queremos despertar ou nos tornar iluminados (termos diferentes para a mesma coisa). O que iluminação na verdade significa pode não estar claro, mas geralmente é entendido como a experiência de um indivíduo, distinta da experiência de outros. O despertar acontece um a um, como a experiência singular de Gautama sob a árvore bodhi. Você pode ser iluminado enquanto eu não. Você espera que eu também me torne iluminado e faz o que pode para incentivar isso, mas no fim sua maior felicidade – seu estado arhat ou estado buda – parece estar separada da minha.

Mas está mesmo? Um contraexemplo para o despertar individual é dado pelo caminho do bodisatva, dependendo de como entendemos esse caminho. De acordo com muitos relatos tradicionais, um ou uma bodisatva adia sua plena iluminação para ajudar os outros a despertar, o que parece consistente com a visão usual de que o despertar ocorre um a um. Mas se o despertar envolve deixar ir e "esquecer-se de si mesmo" (como Dogen coloca) – percebendo que "por dentro" não estou separado do resto do mundo "lá fora" – essa não dualidade implica que minha "salvação" não está desconectada da sua. Se eu também não tiver existência própria separada do mundo, sendo interdependente com tudo o mais, como posso estar totalmente desperto a menos e até que todos os outros também estejam?

Para resumir, as preocupações de Loyal Rue, de que o dualismo cosmológico e a salvação individual estimulem a indiferença aos problemas sociais e ecológicos, parecem se aplicar a alguns ensinamentos budistas – ou pelo menos a algumas maneiras de entender os ensinamentos budistas – mas não a todos. Em outras palavras, nossos problemas sociais e ecológicos nos estimulam a esclarecer como os ensinamentos budistas devem ser entendidos hoje.

Uma questão relevante é que a ciência contemporânea não descobriu nada que apoie tais dualismos cosmológicos, abraâmicos ou budistas. De muitas outras maneiras, os ensinamentos budistas parecem de acordo com as sensibilidades modernas. A ênfase na interdependência é compatível com o funcionamento dos ecossistemas. O que o budismo afirma sobre anatta ("não-eu") é consistente com descobertas da psicologia do desenvolvimento sobre a construção do ego-eu. E críticas budistas da linguagem – sobre como a conceitualização nos engana – são comparáveis a grandes preocupações recentes da filosofia.

Por outro lado, todavia, muitos budistas educados não sabem hoje ao certo o que acreditar sobre uma realidade "sobrenatural" transcendente, ou o carma como lei de causa e efeito éticos, ou renascimento físico depois da morte. Alguns se perguntam se o despertar também é um mito desatualizado, semelhante talvez à ressurreição física de Jesus após sua crucificação. Portanto, não surpreende que uma alternativa mais secular e *deste mundo* tenha se tornado popular, especialmente no Ocidente, ao compreender o caminho budista mais psicologicamente,

A CRISE ECOLÓGICA É TAMBÉM UMA CRISE BUDISTA? 79

como um novo tipo de terapia que oferece perspectivas diferentes sobre a natureza do sofrimento mental, com práticas novas para promover o bem-estar psicológico. Isso inclui não apenas reduzir a ganância, a hostilidade e a delusão aqui e agora, mas também resolver nossas vidas emocionais e lidar com nossos traumas.

Como em psicoterapia, a ênfase desse budismo psicologizado é nos ajudar na adaptação às circunstâncias de nossas vidas. A abordagem básica é identificar meu principal problema na maneira como minha mente funciona. A solução é mudar essa forma de funcionamento para desempenhar melhor meus vários papéis (no trabalho, em família, com amigos e assim por diante) ou, resumindo, para eu me *encaixar melhor neste mundo.* Um corolário comum é que os problemas que vejo no mundo são projeções de minha insatisfação comigo mesmo. Segundo essa armadilha espiritual, "o mundo já é perfeito quando o vemos espiritualmente", como diz Joanna Macy.

Observe o padrão. Muitas correntes do budismo asiático tradicional, especialmente o budismo Theravada e o Cânone Pali, enfatizam *extinguir o renascimento físico* neste mundo insatisfatório. O objetivo é escapar do samsara, este reino de sofrimento, desejo e ilusão que não pode ser reformado. Em contraste, muitas correntes do budismo moderno, em especial a psicoterapia budista (e a maior parte do movimento mindfulness), enfatizam a *harmonização* com este mundo pela transformação da mente, pois é a mente o problema, não o mundo. O budismo de outro mundo e o deste mundo parecem polos opostos, mas estão de acordo num aspecto importante: nenhum deles está muito interessado em abordar os problemas deste mundo para ajudar a transformá-lo em um lugar melhor. Rejeitando-o ou não, ambos aceitam suas limitações como naturais e, nesse sentido, aceitam-no pelo que é.

Nenhuma das abordagens incentiva o ecodarma nem outros tipos de engajamento social. Em vez disso, as duas encorajam responder a eles de uma maneira diferente, que às vezes chamo jocosamente de "solução" budista para a eco-crise. Nessa altura, estamos todos familiarizados com o padrão: vemos de novo outro jornal ou blog online noticiando os mais recentes estudos científicos com implicações ecológicas desanimadoras. As coisas não estão apenas piorando, estão acontecendo com mais rapidez do que qualquer um de nós esperava. Como reagimos? A notícia tende a nos deixar deprimidos ou ansiosos – mas... ei!, somos praticantes budistas, portanto sabemos como lidar com isso. Meditamos um pouco e *nossa inquietação com o que está acontecendo com a Terra vai embora* ... por algum tempo, pelo menos.

Isso não é para descartar o valor da meditação, a relevância da equanimidade ou a importância da compreensão de shunyata. Mesmo assim, essas coisas sozinhas são insuficientes como resposta à nossa situação.

Resumindo as perspectivas – tentar transcender este mundo ou tentar se harmonizar melhor com ele –, podemos ver que a ambivalência sobre a natureza do despertar é um desafio profundamente enraizado, do qual o budismo contemporâneo não pode continuar fugindo. Será que o caminho e o objetivo budista nos encorajam a abraçar questões sociais e ecológicas, ou desencorajam tal engajamento por ser uma distração? Para abordar genuinamente os problemas que enfrentamos hoje precisamos, de fato, esclarecer qual é a mensagem essencial.

DESCONSTRUINDO O EU

Então, qual é a mensagem essencial? Em vez de tentarmos escapar deste mundo ou nos adaptar a ele, podemos vivenciá-lo, e a nós mesmos, de um modo diferente. Isso envolve desconstruir e reconstruir o sentido individual do self – o eu – ou (mais exatamente) a relação entre o eu e seu mundo. A meditação desconstrói o sentido do eu, porque "largamos" os padrões habituais de pensar, sentir e agir que o compõem. Ao mesmo tempo, nosso senso de eu é reconstruído na vida diária pela transformação dos mais importantes padrões habituais: nossas motivações, que afetam não apenas como nos relacionamos com as outras pessoas, mas também nossa real percepção delas e do mundo em geral.

O mestre tibetano Chogyam Trungpa fez uma das melhores descrições desse modo de compreender e fruir o caminho: "Iluminar-se é como despencar de um avião. A má notícia é que não há paraquedas. A boa notícia é que não há chão".

A CRISE ECOLÓGICA É TAMBÉM UMA CRISE BUDISTA?

Essa analogia lacônica precisa ser esmiuçada. O avião é o quê? Por que não temos um paraquedas? Como despencamos? O que significa "não há chão"?

O que é o avião do qual despencamos? O avião é o mundo em que vivemos ou pensamos viver: uma coleção de coisas quase sempre se-paradas, inclusive nós mesmos, em espaço e tempo objetivos. Esses objetos aparecem em um determinado momento, mudam rápida ou lentamente e às vezes desvanecem, deixando de existir. Geralmente aceitamos essa maneira de vivenciar as coisas como natural, certos de que o mundo é assim mesmo, mas trata-se de um construto coletivo para o qual somos socializados à medida que crescemos. Aprendemos a ver o mundo como o veem as pessoas ao nosso redor (em grande parte devido à linguagem, que será discutida no próximo capítulo).

Embora essa "realidade de consenso" não seja apenas uma ilusão, ela não é real da forma que costumamos presumir. Ram Dass a chama de "relativamente real". A filosofia Mahayana distingue essa realidade convencional ou fenomênica (como Bhikkhu Bodhi, entre outros, a denomina) da realidade última ou absoluta. É como os dois lados de sua mão. O que você vê quando fecha o punho – as costas da mão – corresponde ao entendimento convencional. Normalmente percebe-mos apenas o punho, portanto a tarefa inicial é tomar consciência da palma da mão; mas isso não faz do punho uma ilusão a ser rejeitada. Para estender a metáfora, é importante saber como e quando usar tanto a palma quanto o punho.

> Sua mão abre e fecha e abre e fecha.
> Se fosse sempre punho ou sempre mão aberta,
> Você estaria paralisado.
> (Rumi)

O problema com a realidade convencional é que ela não pode nos satisfazer totalmente; ela envolve sofrimento. Além dos desejos e dores de nossos corpos tão facilmente feridos, a vida no mundo fenomênico é assombrada por velhice, doença e morte, como realça a história mítica da própria vida do Buda. A autoconsciência humana significa que sabemos não apenas que estamos vivos, mas que nem sempre estaremos vivos. Como apontou alguém, só existem dois tipos de pessoas: as que estão mortas e as que logo estarão mortas.

O príncipe que se tornaria Buda saiu de casa porque ficou chocado ao ver um homem velho, um homem doente e, em seguida, um cadáver. Isso desencadeou nele uma crise existencial, à medida que tomou conhecimento do destino de todos os seres humanos, inclusive ele mesmo. Após seu despertar sob a árvore bodhi, ensinou por muitos anos. Por fim envelheceu, sofreu com dores nas costas e problemas de estômago, e afinal morreu. Então de que maneira resolveu o problema?

Ele o resolveu não renascendo fisicamente mais uma vez neste mundo de samsara, segundo a tradição Theravada. Mas há outro jeito de entender o que aconteceu, que enfatiza mais o nibbana ocorrido sob a árvore bodhi do que o parinibbana de seu falecimento. Velhice, doença e morte são aspectos do mundo fenomênico – o punho – e sua iluminação revelou a palma: que envelhecer, adoecer e morrer são "vazios" na medida em que não há nenhum eu substancial que os vivencia.

Dores físicas e mentais são formas de sofrimento, assim como a incapacidade de satisfazer nossos desejos e a percepção de nossa mortalidade. No entanto, o dukkha mais problemático de todos se materializa na delusão de um eu *dentro de nós* – atrás dos olhos, talvez, ou entre as orelhas – que se acredita separado do resto do mundo *lá fora*. Ser o mundo que tomamos como certo um construto significa não apenas que as aparências que percebemos são reificadas em *objetos* auto-existentes; significa que as maneiras habituais de pensar, perceber, sentir, agir, reagir, lembrar, pretender e assim por diante são reificadas em um *sujeito* auto-existente. Por ser na verdade um conjunto insubstancial de processos mentais e físicos em vez de algo real, esse eu supostamente separado é inerentemente inseguro. Ele nunca pode estar seguro porque não há nada lá para receber segurança. Como Gertrude Stein poderia dizer, "não há lá lá".

Embora tal compreensão do eu possa parecer teórica, suas consequências não são. Normalmente experimentamos essa insegurança como uma sensação de *falta* – algo está errado comigo; *não sou* bom o *suficiente* – que se torna personalizada de maneiras diferentes. Nós todos temos essa sensação de falta, mas normalmente cada um e cada uma entende isso como problema seu, pessoal em vez de inerente à condição humana (não iluminada). Outra maneira de descrever essa situação é que há uma tensão entre o que penso que sou (*alguma* coisa substancial e real) e o que percebo ou sinto que sou (coisa *nenhuma*). Isso gera um senso de *o que eu deveria ser...*, auto-imagem da qual jamais estarei à altura. O mundo como uma coleção de coisas supostamente reais e auto-existentes, entre as quais me incluo, é assombrado por dukkha. Esse é o avião do qual devemos cair.

Por que não temos *um paraquedas?* O paraquedas é que nos impede de despencar no abismo. Por ser sempre inseguro, o sentido do eu sempre tenta se identificar com algo, como forma de encontrar uma base. Ficamos preocupados com o que poderíamos chamar de *projetos de carência* (tentar preencher nossa sensação de faltar algo) ou *projetos de realidade* (tentar se tornar ou se sentir mais real). Esses projetos assumem várias formas. Muitos deles começam com *ah se...* "Ah se eu tivesse dinheiro suficiente... brinquedos de consumo... um carro... um carro melhor... uma parceira... um parceiro melhor...". Nem sempre eles são objetos: "Ah se eu fosse mais famoso... mais inteligente... mais poderoso... mais atraente..." Em um discurso de formatura no Kenyon College, agora publicado como livro, *This Is Water* (Isso é água), o romancista David Foster Wallace descreveu-os como coisas que adoramos:

> Nas trincheiras do dia a dia da vida adulta, não há realmente algo como ateísmo. Não existe estado de não adoração. Todo mundo adora. A única escolha que temos é *o que* adorar. E um excelente motivo para escolher algum tipo de Deus ou algo espiritual para adorar... é que basicamente qualquer outra coisa que você adorar o comerá vivo. Se você adora coisas e dinheiro – se eles estiverem onde você extrai o verdadeiro significado da vida – então nunca terá o suficiente. Você nunca sentirá que tem o suficiente, essa é a verdade. Adore seu próprio corpo, sua beleza, sua atração sexual, e sempre se sentirá uma pessoa feia; e quando o tempo e a idade começarem a se mostrar, você vai morrer um milhão de mortes antes de seu en-

terro. [...] Adore o poder – você sentirá fraqueza e medo, precisando de cada vez mais poder sobre os outros para manter o medo à distância. Adore seu intelecto, ter fama de inteligente – acabará se sentindo uma pessoa estúpida, uma fraude sempre à beira de ser descoberta. E assim por diante.

Adoração é um bom termo para esses projetos de carência, pois eles são sagrados na medida em que estão no cerne da nossa autocompreensão, do significado de nossas vidas e nosso papel no mundo. Infelizmente não funcionam como solução para o nosso sentimento de carência, pois estamos buscando no lugar errado. Esses projetos são sintomas de um problema mais profundo. Buscamos a resposta fora de nós mesmos, mas a dificuldade básica está dentro: a sensação insegura de um eu que nunca encontra segurança identificando-se com algo, um eu construído que jamais consegue se sentir suficientemente real.

Dentro do avião, no entanto, condicionados por nossa educação e cultura, consideramos naturais essas obsessões. Elas são o que todos cultuam, aspectos da realidade convencional embutidos na forma como a sociedade é organizada. Normalmente não percebemos que existem outras opções. Wallace continua:

> Olhe, o insidioso sobre essas formas de adoração não é que elas sejam más ou pecaminosas; é que são *inconscientes*. São configurações padrão. São o tipo de adoração em que você se envolve de forma gradual, dia após dia, agindo cada vez mais seletivamente sobre o que vê e sobre como atribui valor, sem nunca estar totalmente consciente de que é isso que está fazendo. E o mundo não desestimulará suas atividades em configuração padronizada, pois o mundo de homens, dinheiro e poder segue lépido e faceiro, alimentado por medo, desprezo, frustração, avidez e adoração de si.

Até onde sei, David Foster Wallace não estava interessado em budismo ou meditação, mas entendeu que a alternativa para tais ídolos "envolve atenção, consciência, disciplina, esforço e capacidade de realmente querer bem a outras pessoas, sacrificando-se por elas repetidamente, em uma miríade de formas insignificantes e sem graça, todos os dias".

Uma forma de adoração que Wallace não menciona é o apego a pessoas carismáticas, que nos atraem por parecerem não sofrer da sensação de falta que tanto nos incomoda. Essas figuras aparentam ser maiores do que a realidade – mais *verdadeiras* do que o resto de nós – e isso nos fascina, com frequência de maneira problemática (Hitler, Mao), mas às vezes positiva (Gandhi, o Dalai Lama). Reveladoramente, o grande livro de Ernest Becker, *The Denial of Death* (A Negação da Morte) tem um capítulo intitulado "The Spell Cast by Persons – The Nexus of Unfreedom" (O Feitiço Lançado por Pessoas – O Nexo da Não-liberdade). Talvez sejamos tão suscetíveis porque a infância excepcionalmente longa de nossa espécie torna-nos mais dependentes de símbolos de autoridade; a necessidade de encontrar segurança submetendo-nos a outros persiste no modo como os transformamos em heróis e queremos participar de sua aura. Políticos como Ronald Reagan e Donald Trump exploram essa propensão, e a mídia aprendeu a mercantilizá-la, criando estrelas pop e ídolos do cinema. Será que a aspiração religiosa de um messias, que eventualmente aparecerá para nos salvar de nós mesmos, é outra versão da mesma tendência?

Claro, isso tem implicações importantes para a razão de colocarmos mestres Zen, rinpochês e outros gurus num pedestal, vendo-os como super-humanos. São eles de fato tão especiais, ou isso acontece em função de nossa necessidade de vê-los como especiais? Essa projeção pode ser benéfica: pelo exemplo deles somos inspirados a nos tornar mais como eles, ou mais como o que pensamos que são. Os problemas ocorrem quando o professor é pego na contratransferência: cercado por alunos que o consideram semelhante a Deus, é tentador concordar com eles. Mais cedo ou mais tarde a projeção precisa ser quebrada, para compreender que o mestre também é muito humano. Isso geralmente é doloroso, mas se não acontecer, o aluno permanecerá espiritualmente imaturo. Quando acontece cedo demais – porque o professor age mal, por exemplo – pode destruir a prática do aluno. Quando acontece na hora certa, o aluno está pronto porque percebeu sua própria natureza-Buda.

Há outras coisas com as quais nos identificamos, que envolvem o esforço de dar segurança ao eu na tentativa de estabilizar seu mundo. Não sei se devo rotulá-las como projetos de carência, mas algumas são equivalentes a isso: por exemplo, muitas vezes encontramos significado na associação com certos grupos em oposição a outros, daí o apelo do racismo e do nacionalismo. Também nos apegamos a visões de mundo específicas. O Buda tinha muito a dizer sobre isso. No Sutra Samma--Ditthi ele identificou campos de visão (*ditthi*) como um dos quatro tipos de apego que deveríamos largar (os outros são prazeres sensuais, regras e rituais, e crença no eu como algo substancial). A parábola da jangada aplica isso aos seus próprios ensinamentos. O Darma é para nos ajudar a "cruzar" até a outra margem, não algo a ser considerado salvífico em e por si mesmo, como uma jangada carregada nas costas após a travessia de um rio. Os ensinamentos budistas não são sagrados, mas guias ou mapas de estrada que nos ajudam a ir a algum lugar.

Será que o apego a certas pessoas (professores) e pontos de vista (o Darma) pode transformar o caminho budista em um projeto de carência/projeto de realidade (que nos tornará especiais)? Algo assim pode ser inevitável no início, e talvez isso não seja totalmente ruim. Ou, dizendo de outra forma, o caminho budista é um "projeto de carência", mas que pode realmente resolver o problema: não preenchendo o sentimento de carência, mas desconstruindo o sentimento de eu que ele assombreia.

Em outras palavras, o budismo é um caminho que, se tudo correr bem, se desconstrói. Embora o budismo possa ser um marcador de identidade étnica ou cultural, algo a mais a que se agarrar, a meditação tende a minar tais afiliações dualísticas: "Eu sou budista e não um...". Não há nada liberador a respeito desses rótulos, o importante é se a pessoa é praticante ou não. Ironicamente, descobrimos o que buscamos ao nos abrir para a falta de chão da qual estamos fugindo.

Como despencamos do avião? A questão aqui é: eu pulo ou sou empurrado? Ou seja, a iluminação é algo que o senso do eu *faz* ou algo que acontece com ele? Na medida em que despertar significa perceber o que sempre fui, e que não há nada a ganhar porque o eu sempre foi "vazio", temos aí mais uma vez o conhecido problema de meios versus fins. A ironia é que nos esforçamos para obter algo que não pode ser obtido, pois é coisa que realmente nunca nos faltou.

A CRISE ECOLÓGICA É TAMBÉM UMA CRISE BUDISTA? 87

Essa tensão tem sido uma questão crucial em muitas tradições religiosas, embora conceitualizada de diferentes maneiras. No Zen japonês, por exemplo, é a diferença entre Rinzai e Soto. A prática Rinzai usa retiros de meditação intensiva para vivenciar o kensho, sabor ou vislumbre de iluminação, como um general que reúne todas as suas tropas e lança-se ao campo de batalha. Em contraste, a prática Soto de *shikantaza,* "apenas sentar", aceita a ênfase de Dogen na meditação como já a própria manifestação da mente "vazia" iluminada, quer o tenhamos percebido ou não. Essa abordagem é como um agricultor que planta cuidadosamente suas mudas de arroz, uma por uma. A abordagem Rinzai pode dualizar meios e fins, "agarrar o não agarrar", enquanto a abordagem Soto pode fomentar uma complacência que dissipa a importância de despertar realmente para nossa verdadeira natureza.

A mesma tensão se repete na diferença entre o Zen em geral, que enfatiza *jiriki,* "poder próprio", e as escolas Terra Pura, mais devocionais, que enfatizam *tariki,* "poder alheio". Os praticantes zen são encorajados a meditar, enquanto os devotos da Terra Pura cultivam a fé que o Buda Amida os acompanhará à sua Terra Pura depois de morrerem.

O Vedanta hindu faz uma distinção semelhante entre liberação de macaco e liberação de gato. Um macaco bebê deve agarrar-se ao peito da mãe enquanto ela balança de árvore em árvore, mas um gatinho não precisa fazer nada, porque a mãe o pega pela nuca e carrega para onde ela quiser. Precisamos realizar práticas para alcançar o Divino, ou o Divino nos abraça se e quando quiser?

Então, qual dos dois? Segundo um aforismo às vezes atribuído a Shunryu Suzuki, "a iluminação é sempre um acidente, mas a meditação nos torna propensos a acidentes". Não há uma relação direta de causa e efeito entre meditação e iluminação. Meditação é abandonar os padrões de pensamento habituais que compõem a ideia de eu, o que envolve algum esforço de nossa parte. O despertar, porém, acontece em seu próprio tempo. O eu não pode fazer isso porque é o que acontece àquela ideia de eu. De acordo com meu professor Yamada Koun, "o maior serviço que podemos prestar aqui na Terra é deixar o ego diminuir no zazen, de modo que a vida infinita dentro de nós tenha a possibilidade de assumir o controle". O zazen não faz com que a vida infinita assuma o controle, mas as chances aumentam consideravelmente. Embora Dogen recomende "esquecer o eu", não podemos fazer isso intencionalmente, então usamos uma abordagem indireta. Como Yamada também disse, a prática é esquecer de si no ato de se unir (ou tornar-se um) com alguma coisa, como acontece quando trabalhamos em um koan como *Mu*. À medida que repetimos esse som indefinidamente, a sensação de um eu que está *fazendo* isso fica cada vez mais atenuada.

Conforme a prática de meditação amadurece, alguns praticantes sentem-se como à beira de um abismo. Você pode sentir que tudo que precisa fazer é largar-se, mas não consegue. Em vez disso, fica tenso e contraído. Aqui o professor pode ajudar, às vezes com algumas palavras, às vezes com um ato abrupto e inesperado, como um grito ou um golpe, que dá um susto e pode levar o aluno a se soltar. Mas o aluno deve estar maduro.

> "O Darma não é um refúgio seguro. Quem se deleita num refúgio seguro não está interessado no Darma, mas num refúgio seguro". (Sutra Vimalakirti)

O que significa "sem *chão*"? Precisamos "nos soltar com ousadia à beira do penhasco [...] você só revive após a morte" (nas palavras do mestre Chan Boshan). "Morra antes de morrer", como diz um ditado Sufi, "assim, quando chegar a hora de morrer, você já está morto."

Um mestre Chan mais antigo, Huangbo, explica (conforme tradução de John Blofeld): "Os homens têm medo de esquecer suas mentes, receando cair no Vazio sem nada para segurar [parar] sua queda. Eles não sabem que o Vazio não é realmente Vazio, mas o reino do verdadeiro Darma". Em outro lugar ele elabora: "Muitas pessoas têm medo de esvaziar a mente e com isso mergulhar no Vazio. Elas não sabem que sua própria mente é o vazio".

A pessoa não cai realmente, mas se larga, se abre para... o quê? O ponto importante é que o Vazio que Huangbo menciona não é algo que fundamenta o sentido do eu, mas uma ausência de fundamento onde não há segurança ou insegurança porque não há um eu que precise estar em segurança. Acontece que a verdadeira natureza do eu, a própria verdadeira natureza de si, de nada carece porque é nada – ou seja, não é *coisa alguma*. Perceber isso me libera para tornar-me isso, fazer o que está de acordo com a situação, pois não sou mais motivado por uma obsessão errônea de tornar-me mais real.

O que foi dito anteriormente sobre o vazio de shunyata também se aplica ao que Yamada Koun chama de nossa natureza essencial – pois são a mesma coisa. Comentando sobre um koan em *The Gateless Gate* (O Portal Sem Portão) ele enfatiza que cada um de nós é

> um com todo o universo. Ao mesmo tempo, cada um de nós é extremamente pobre, pois em nossa natureza essencial nada existe. Não há sujeito nem objeto. Não há nada para ser visto, para ser tocado, para ser manuseado. Não tem forma, nem cor, nem peso, *nenhum lugar para ficar*. Em uma palavra, nossa natureza essencial é totalmente vazia. Por outro lado, esse vazio tem tesouros ilimitados. Pode ver, ouvir, chorar, rir, correr, comer. Em uma palavra, é ilimitado. O vazio e a ausência de limites são características de nossa natureza essencial.

Um dos maiores mestres Chan, Linji, enfatizou a mesma coisa. "Se você quer ser livre para nascer ou morrer, ir ou ficar como quem coloca ou tira uma roupa, então precisa entender agora que a pessoa aqui ouvindo o Darma [você!] não tem forma, características, raiz, início e nem lugar onde habita, e mesmo assim está vibrantemente viva. [...] É isso que chamo de segredo da questão".

Sem lugar para ficar, nem lugar onde habite: o sentido separado do eu não tem onde se embasar mas, quando percebemos nossa verdadeira natureza, é desnecessário fazer isso. A ausência de chão acaba sendo toda a base de que necessitamos. "Parece milagre, tudo se transforma radicalmente permanecendo apenas como é" (Yasutani Haku'un).

Largar e abrir-se para essa ausência de chão é vivenciar o que não pode morrer, já que nunca nasceu. Na realidade consensual do avião, você e eu somos mais dois objetos no mundo, nascidos em certo momento e morrendo algum tempo depois. Dessa outra perspectiva, no entanto, nós (como tudo mais) sempre fomos manifestações impermanentes de algo sem forma, sem nome e sem limites. As maneiras como esse incompreensível nada se manifesta surgem e passam, mas aquilo que se manifesta temporariamente como essas formas e esses nomes não morre.

A literatura budista inclui muitas referências ao "não nascido", que é outro termo para nossa natureza essencial. Trechos do Cânone Pali enfatizam: "O sábio que está em paz não nasce, não envelhece, não morre; ele não se abala e não se agita, pois não há nada nele que possa levá-lo a nascer. Não tendo nascido, como poderia envelhecer? Não envelhecendo, como poderia morrer? Não morrendo, como poderia ser abalado? "(Dhatuvibhanga Sutta).

Talvez o exemplo mais famoso esteja no Udana Sutta:

> Existe, oh monges, um não nascido, não tornado, não feito, não fabricado; se não houvesse aqui, oh monges, esse não nascido, não tornado, não feito, não fabricado, aqui não haveria como sair do nascido, do tornado, do feito, do fabricado. Mas porque há um não nascido [...] há, portanto, como sair do nascido.

Tais trechos são frequentemente considerados descrições do que acontece depois que uma pessoa totalmente desperta morre fisicamente: ela não renasce. Os ensinamentos Mahayana são mais explícitos ao dizer que o "não nascido" se refere a um aspecto de shunyata que se aplica aqui e agora. O Sutra do Coração explica que todas as coisas são shunya por serem "não criadas e não aniquiladas", e é por isso que "não há velhice e morte". Nagarjuna ecoa isso no verso introdutório de seu *Mulamadhyamakakarika*, a obra mais importante da filosofia Mahayana, que diz que a verdadeira natureza das coisas é que elas não morrem e não nascem, não deixam de existir e não são eternas.

No budismo chinês, a "Canção da Iluminação" de Yongjia Xuanjue, discípulo do sexto Ancestral Chan, diz: "Desde que percebi abruptamente o não-nascido, não tive motivo para alegria ou tristeza em qualquer honra ou desgraça". Ninguém, entretanto, enfatizou o não nascido mais do que Bankei, o amado mestre Zen japonês do século XVII que fez dele seu ensinamento central. "Quando você habita o próprio Não Nascido, está morando na mesma fonte de budas e ancestrais". Por ser nossa natureza essencial, o Não Nascido não é algo que pode ser ganho. "É errado engendrar uma segunda mente em cima da que você já tem, tentando se *tornar* o Não Nascido. Você é não nascido desde o início. [...] O verdadeiro Não Nascido não tem nada a ver com princípios fundamentais e está além do tornar-se ou do alcançar. É simplesmente *ser quem você é*". Um monge visitante perguntou a Bankei: "O que acontece quando alguém que acredita no Não Nascido morre? Ele nasce de novo ou não?" Bankei respondeu: "No lugar do Não Nascido, não há distinção entre nascer e não nascer".

Não há distinção entre nascer e não nascer, porque tais características não se aplicam àquilo que não tem características, que é a verdadeira natureza "vazia" de nossas mentes.

É aqui que alguns ensinamentos terminam, mas quando entendemos shunyata como "potencialidade ilimitada" e lembramos o *coração* do Sutra do Coração ("forma não difere de vazio, vazio não é diferente de forma"), percebemos que realizar o não nascido, por si só, é insuficiente. O vazio não é um lugar onde morar, pois não é um lugar, como Linji e Yamada Koun sublinham. Lembro-me também de Yamada Roshi enfatizando que um kensho genuíno é acompanhado por um surto espontâneo de compaixão. "Quando você reconhece a natureza vazia, a energia para beneficiar os outros chega sem esforço e sem artifício", como Dilgo Khyentse expressou. O fruto final do caminho é descrito na última das dez imagens da doma do touro: o retorno ao mercado de mãos prontas a ajudar.

O despertar para o não nascido é incompleto, pois a desconstrução do senso de eu construído não transforma automaticamente o modo como nos relacionamos com as pessoas. Nossas formas habituais de pensar, sentir e agir, profundamente enraizadas e quase sempre egocêntricas, tendem a ter uma vida própria, o que significa que a *reconstrução* gradual de como realmente vivemos no mundo também é necessária. Os "três venenos" da ganância, hostilidade e delusão precisam ser transmutados em motivações mais positivas: generosidade, bondade amorosa (ou afabilidade básica) e a sabedoria de reconhecer que o meu bem-estar não está separado do seu bem-estar ou o da própria Terra. Discutir reconstrução depois de desconstrução sugere que uma acontece depois da outra, mas esses processos ocorrem juntos e se apoiam mutuamente. A meditação nos ajuda a estar mais atentos na vida diária, portanto mais conscientes de nossas motivações, e menos propensos a reagir de maneira problemática.

ENGAJAMENTO ALTRUÍSTA

Então, o que tudo isso tem a ver com engajamento ecológico? A fim de entender como o budismo pode contribuir para a compreensão da crise ecológica e responder a ela, foi importante esclarecer o que o caminho espiritual envolve, em linguagem isenta do dualismo cosmológico que Loyal Rue critica. Se virmos o objetivo final como escapar deste mundo — acabar o renascimento ou estar num vazio indiferente às suas formas, portanto imune aos seus problemas — ou como simplesmente harmonizar com o mundo e suas instituições, então nosso envolvimento total com os desafios sociais e ecológicos que hoje defrontamos é improvável.

Um dos meus koans Zen favoritos fala sobre isso. Um estudante pergunta ao mestre: "Qual é a atividade constante de todos os budas e bodisatvas?" — o que é especial no modo de viver, momento a momento, das pessoas iluminadas? Talvez o aluno estivesse se perguntando se eles manifestam poderes extraordinários. A resposta do mestre é curta e simples: "Responder apropriadamente". Só isso.

Que maravilha! Mas, para responder de forma adequada, precisamos entender nossa situação. Em um mosteiro Zen é fácil saber o que é apropriado: quando o sino toca, colocamos nossos mantos e vamos para a sala de prática, meditar. Mas e depois, quando deixamos o mosteiro e entramos de novo no mundo mais amplo, com seus problemas sociais e ecológicos? Perceber as possibilidades inesgotáveis da nossa falta de chão essencial nos permite responder apropriadamente a eles.

Gandhi disse que nossa grandeza como seres humanos não reside tanto na capacidade de refazer o mundo quanto na capacidade de nos refazermos — mas será que essas transformações são assim, tão independentes? O próprio exemplo dele sugere que não. Quando começamos a acordar e perceber que não estamos separados uns dos outros, nem desta Terra maravilhosa, compreendemos que as maneiras como vivemos juntos e nos relacionamos com a ela precisam ser reconstruídas também. Isso significa não apenas buscar o engajamento social, ajudando outros indivíduos, mas também encontrar maneiras de abordar as estruturas problemáticas, econômicas e políticas, tão profundamente implicadas na crise ecológica e nas questões de justiça social que nos confrontam hoje. Isso recupera o objetivo da iluminação de um modelo exclusivamente individualista. Nosso despertar pessoal floresce com o engajamento no mundo, e práticas contemplativas como a meditação dão base a nosso ativismo, transformando-o em um caminho espiritual.

Ande como se beijasse a Terra com os pés.
— THICH NHAT HANH

Quanto mais rápido vivemos, menos emoção resta no mundo. Quanto mais devagar vivemos, mais profundamente sentimos o mundo a nosso redor.
— STANKO ABADZIC

O filho de um rabino costumava vagar pelo bosque. No começo o pai o deixava vagar, mas com o tempo ficou preocupado. Um dia ele disse ao filho: "Sabe, notei que todo dia você caminha no bosque. Eu me pergunto, por que você vai lá?" O menino respondeu: "Eu vou lá para encontrar Deus". "Isso é uma coisa muito boa", respondeu suavemente o pai. "Estou feliz que esteja procurando por Deus. Mas, meu filho, você não sabe que Deus é o mesmo em todo lugar?" "Sim", respondeu o menino, "mas eu não sou".
— RICHARD LOUV

Antes, a natureza tinha vida e espírito próprios. As árvores, os céus e rios eram espíritos vivos. Agora nossa única preocupação é como eles podem nos servir.
— PHRA PAISAL WISALO

Precisamos perder o mundo, perder um mundo e descobrir que existe mais de um mundo, e que o mundo não é o que pensamos que é.
— HELENE CIXOUS

Não rejeito o momento presente para buscar o que o tempo trará. Rejeito o que o tempo trará para buscar o momento presente.
— SAMIDDHI SUTTA

A verdadeira generosidade com o futuro consiste em dar tudo ao presente.
— ALBERT CAMUS

Quando penso em todos os livros que li e nas palavras sábias que ouvi pronunciadas, na ansiedade que dei a pais e avós e nas esperanças que tive, toda vida pesada na balança de minha própria vida parece-me uma preparação para algo que nunca acontece.

— WILLIAM BUTLER YEATS

Metade de nossa vida é gasta tentando encontrar algo para fazer com o tempo que passamos a vida tentando economizar.

— WILL ROGERS

Quando nos opomos a coisas que são eficientes demais, não devemos tentar ser mais eficientes ainda. Pois isso não acabará sendo a maneira mais eficiente.

— JACQUES ELLUL

Quando um comportamento passa a ser a norma, perdemos a capacidade de vê-lo como disfuncional.

— JEFF GARSON

A rosa é sem *porquê,* floresce simplesmente porque floresce. Não dá nenhuma atenção a si mesma, nem pergunta se alguém a vê.

— ANGELUS SILESIUS

Privamos a natureza de sua independência, e isso é fatal para seu significado. A independência da natureza é o seu significado — sem isso não há nada além de nós.

— BILL MCKIBBEN

Não é o que fazemos que nos santifica, mas devemos santificar o que fazemos.

— MEISTER ECKHART

Não há bifurcação na realidade entre os reinos humano e não humano.

— WARWICK FOX

A versão ocidental da consciência mística, nossa versão do budismo ou taoísmo, será a consciência ecológica.

— FRITJOF CAPRA

Ainda não existe uma ética para lidar com a relação do homem com a terra e com os animais e plantas que nela crescem. [...] A relação com a terra ainda é estritamente econômica, implicando privilégios, mas não obrigações. A extensão da ética a esse terceiro elemento no ambiente humano é, se leio as evidências corretamente, uma possibilidade evolutiva e uma necessidade ecológica.

— ALDO LEOPOLD

Mais cedo ou mais tarde teremos de perceber que a Terra tem direitos, como nós, de viver sem poluição.

— EVO MORALES

3
O que estamos negligenciando?

Segundo biografias tradicionais, Gautama Buda teve uma relação especial com as árvores: nasceu entre elas no Bosque de Lumbini, quando sua mãe entrara em trabalho de parto prematuro; quando criança, sentado sob uma árvore e observando o arar de um campo como parte de uma cerimônia religiosa, ele entrou espontaneamente em transe meditativo. Mais tarde, quando saiu de casa em sua busca espiritual, Gautama foi para a floresta onde estudou com dois professores envolvidos em práticas ascéticas, e então meditou sozinho sob uma árvore – onde despertou. Depois continuou a passar a maior parte do tempo ao ar livre, muitas vezes ensinando debaixo de árvores e mais tarde morrendo entre duas delas.

Não é surpresa que o Buda tenha muitas vezes expressado sua apreciação por árvores e outras plantas. Segundo uma história no código monástico do Vinaya, um espírito arbóreo apareceu a ele, reclamando que um monge tinha cortado sua árvore. Em resposta, o Buda proibiu os membros da sanga de danificarem árvores ou arbustos, inclusive de cortar galhos, colher flores, ou mesmo colher folhas verdes. Podemos nos perguntar o que ele diria sobre nossa destruição casual de ecossistemas inteiros.

Também podemos nos perguntar sobre o padrão mais amplo: por que os fundadores de religiões muitas vezes experimentam sua transformação espiritual ao deixar a sociedade humana e ir para um lugar desabitado. Após seu próprio batismo, Jesus foi para o deserto, onde jejuou por quarenta dias e noites sozinho. As revelações de Maomé ocorreram quando ele se retirou a uma caverna, onde foi visitado pelo Arcanjo Gabriel. O Sutra Khaggavisana (Sutra do Chifre de Rinoceronte), um dos primeiros do Cânone Pali, incentiva os monges a vagar sozinhos na floresta, como um rinoceronte. Milarepa, e muitos iogues tibetanos desde então, viveu e praticou sozinho em uma caverna por muitos anos. Hoje, em contraste, a maioria de nós medita dentro de edifícios com janelas teladas, o que nos protege de insetos, sol quente e ventos gelados. Há muitas vantagens nisso, é claro – mas será que algo significativo se perde?

Embora muitas vezes vejamos a natureza de uma forma utilitária, o mundo natural é uma comunidade interdependente de seres vivos que nos convida a um tipo diferente de relacionamento. A implicação é que, retirar-nos nela, especialmente sozinhos, pode interromper nossas formas usuais de ver, abrindo-nos para uma experiência alternativa. Compreender mais sobre como isso acontece também pode nos dar uma visão mais profunda sobre o que é problemático em nossa atual relação coletiva com o mundo natural.

Para obter essa compreensão, no entanto, consideremos primeiro um quebra-cabeça apresentado por alguns ensinamentos budistas diferentes. Isso também vai esclarecer alguns dos pontos levantados no capítulo anterior.

DESEJAR VERSUS CONCEITUALIZAR

Desde o início, o budismo enfatizou dukkha, "sofrimento" no sentido mais amplo. O Buda disse que o que tinha a ensinar era dukkha e como acabar com ele. Por que sofremos? De acordo com a segunda das quatro nobres (ou enobrecedoras) verdades, a causa de dukkha é *tanha,* geralmente traduzido como "desejo" ou "avidez", etimologicamente mais perto de "sede". Tanha não é sede de nada em particular, mas de tudo, porque nada pode satisfazê-la.

No entanto, não me lembro de meu professor de Zen, Yamada Koun, mencionar que o problema é o desejo; aliás não me lembro de ele jamais se referir às quatro nobres verdades. Para a tradição Zen, e

O QUE ESTAMOS NEGLIGENCIANDO?

o Mahayana em geral, o que é mais problemático está relacionado ao conceitualizar, que nos delude.

Os textos em Pali e os budistas Theravada também falam sobre delusão, pois agarrar-se a certos tipos de pensamento pode ser entendido como uma forma de desejo — mas a diferença de ênfase é surpreendente assim mesmo. Será que nosso problema principal é desejo ou delusão? Como podemos entender a relação entre eles? Será que o budismo inicial e o zen estão falando sobre o mesmo caminho, a mesma iluminação?

A dificuldade aqui é que falta algo necessário para conectar o desejo com os conceitos delusórios. Para encontrar o elo que falta, vamos voltar ao grande tratado filosófico de Nagarjuna, o *Mulamadhyamakakarika*. De acordo com os primeiros textos budistas, o objetivo do caminho budista é transcender o samsara — nosso mundo cotidiano de sofrimento, desejo e delusão — ao atingir o nirvana e não renascer mais. No capítulo anterior, no entanto, citei a famosa afirmação de Nagarjuna de que não há distinção entre eles. "O limite [*kotih*] do nirvana também é o limite da vida cotidiana. Não há sequer a mínima diferença entre eles". Isso nega todo dualismo cosmológico. A "realidade consensual" que normalmente consideramos garantida é, de fato, um construto psicológico e social que pode ser desconstruído e reconstruído. Mas ainda precisamos saber mais sobre como esse construto funciona em nossa vida cotidiana. Como será que desejo e conceitualização trabalham em conjunto para fabricar um mundo composto de objetos aparentemente separados, os quais ocasionalmente interagem "em" espaço e tempo objetivos? Para explicar isso, algo mais é necessário.

No verso final do mesmo capítulo sobre nirvana, Nagarjuna aponta o terceiro termo ausente. Conforme traduzido por Mervyn Sprung, "A serenidade suprema [*shiva*] é o descanso de todas os modos de tomar as coisas, o repouso de coisas nomeadas; nenhuma verdade *[Darma]* foi ensinada por um Buda para ninguém, em nenhum lugar". Do ponto de vista mais elevado, o Buda não ensinou nada porque o despertar não envolve agarrar conceitualmente nada: é *o repouso de coisas nomeadas*.

Percebemos este mundo como samsara porque o *agarramos*. Agarrar as coisas as transforma em objetos. Quando não agarramos as coisas, podemos experimentá-las (e a nós mesmos) de maneira bem diferente. Então a questão importante é: como entendemos o mundo? O verso de Nagarjuna implica que tem algo a ver com nomear coisas.

O ponto essencial é algo contraintuitivo. Normalmente acreditamos que vemos as coisas e logo depois as rotulamos com nomes, como se a linguagem fosse transparente ou fosse um espelho refletindo as coisas como elas são. Mas não funciona assim. Aprender a falar desempenha um grande papel em como construímos o mundo faz parte do processo de socialização. Quando as crianças aprendem um idioma, estão aprendendo a perceber o mundo (incluindo si mesmas) da mesma forma que outros faladores da língua. O filósofo John Searle descreve isso bem:

> Quando vivenciamos o mundo, nós o fazemos por meio de categorias linguísticas que ajudam a moldar as próprias experiências. O mundo não chega até nós já fatiado em objetos e experiências. O que conta como um objeto já é uma função do nosso sistema de representação [ou seja, da linguagem], e como vivenciamos o mundo é influenciado por esse sistema de representação.

Como descobriram os psicólogos, normalmente não olhamos tão de perto para as coisas. "A percepção parece ser uma questão de buscar informação que foi armazenada sobre objetos e como eles se comportam em várias situações. A imagem da retina faz pouco mais do que selecionar os dados armazenados relevantes" (Richard Gregory). Um pequeno vislumbre é tudo que precisamos para perceber algo *como* uma "xícara" – em certo sentido, *pensamos* com os olhos. Este não é um processo consciente, mas pré-consciente, que em geral é muito difícil de não fazer.

A ênfase budista na impermanência de tudo implica que o mundo é uma confluência de processos de interação mas, devido à linguagem, nós o *percebemos* como uma coleção de coisas separadas – cada uma com seu próprio nome – que interagem ocasionalmente.

Quando começamos a falar, aprendemos a reconhecer as coisas – mamãe, papai, cama, água, banheiro, xícara, colher e assim por diante – e também aprendemos verbos que descrevem atividades – comer, beber, lavar, ir para a cama e assim por diante – e isso nos traz ao ponto crucial: o termo ausente que liga desejo (intenções) e delusão (conceitos). Uma xícara, por exemplo, não é apenas um rótulo que identifica certo tipo de coisa; é um conceito que tem uma *função* embutida nele. Ver algo *como* uma xícara é saber para que a coisa é usada. A função é construída de forma pré-consciente no que percebemos, razão pela qual, movendo-me pela cozinha, não percebo coisas *como* garfos, xícaras e pratos. Vejo garfos, xícaras e pratos – vários utensílios para serem usados de diferentes maneiras. Embora eu tenha aprendido a ver a cozinha dessa forma, o fato de ter aprendido a ver dessa forma não é algo de que normalmente estou consciente.

É assim que os conceitos organizam o mundo para nós: com a linguagem aprendemos a vivenciar o mundo da mesma maneira que nossos companheiros falantes da língua fazem. Mas há mais um ponto vital: ver meu mundo em grande parte como uma coleção de utensílios o conecta com minhas intenções; isso me permite satisfazer meus desejos. Se eu sou um chocólatra, ser capaz de identificar algo como uma barra de chocolate torna-se importante. Essa identificação está conectada com muitos outros conceitos, funções e intenções: saber onde posso comprar uma barra de chocolate, o que fazer quando eu chegar lá, o que é dinheiro... muitas causas e condições precisam ser compreendidas e cumpridas para eu desfrutar dessa barra de chocolate. Geralmente, no entanto, essa sequência complexa é automatizada, de modo que não precisamos pensar muito sobre ela. Apenas vou comprar a barra de chocolate e a como.

Resumindo, três coisas trabalham juntas para construir nosso mundo: *linguagem* (conceitos), que não só divide o mundo, mas o organiza em *funções* (relações causais), e a forma como essas funções nos permitem *agir intencionalmente* (por exemplo, para satisfazer desejos).

Das muitas coisas que são rotuladas, uma em particular se destaca: *mim*. O eu. Não sou *eu* quem está fazendo essa construção, pois o senso de eu é uma das coisas construídas. A subjetividade é a primeira coisa a ser reificada. Aprender a usar palavras como *eu, mim* e *meu* é aprender a entender a si mesmo como um dos objetos que estão "no" mundo – outra coisa que nasce e morre, ou é criada e destruída – da mesma forma que tudo mais é. Isso é realmente muito estranho, pois "eu" sou essencial para "meu" mundo de uma forma que nada mais pode ser.

O ponto importante aqui é que aprender a ver o mundo como uma coleção de utensílios, usados para satisfazer meus desejos, é o que constrói a sensação de separação entre mim "por dentro" (aquele que usa as coisas) e o resto do mundo "fora" (as coisas que são usadas). O ato de *agarrar* cria tanto o *agarrador* quanto o *agarrado,* que surgem em relação um com o outro. E, como discutido no último capítulo, essa sensação de separação construída é inerentemente desconfortável, criando um eu que nunca pode estar seguro, porque esse suposto eu é uma ficção criada pelo apego.

No entanto, a forma usual de experimentar o mundo (inclusive **nós** mesmos) e a maneira usual de viver naquele mundo não são "ruins"; na verdade, elas são necessárias. Esse construto coletivo ou "realidade consensual" foi indispensável para nossa capacidade evolutiva de sobreviver e prosperar, e saber como funcionar dentro de tal construto permanece essencial em nossas vidas diárias e interações com outras pessoas. O problema é que normal e inconscientemente aceitamos essa maneira de entender o mundo como as coisas realmente são, sem saber que é um construto psicossocial que pode ser desconstruído. Em vez de identificar-se com ele ou rejeitá-lo, o importante é perceber que existe outra forma de vivenciar o mundo e ser capaz de se mover livremente de uma forma para a outra, "respondendo adequadamente" de acordo com circunstâncias.

Quando experimentamos a vida apenas como uma sucessão incessante de intenções e desejos – o que nos mantém agarrando o mundo como uma coleção de utensílios – negligenciamos constantemente algo importante sobre ele, que William Blake descreveu admiravelmente no "*Casamento* de Céu e *Inferno*":

> Se as portas da percepção fossem limpas, tudo apareceria
> ao humano como é, infinito. Pois o humano se fechou até ver
> todas as coisas através das estreitas fendas de sua caverna.

Apegando-nos a conceitos, funções e desejos é como nos fechamos. Abandonando-os é como as portas de nossas percepções se tornam limpas. Blake também se referiu a essa forma diferente de perceber nos *Augúrios da Inocência*:

> Ver o mundo em um grão de areia
> E um paraíso numa flor selvagem
> Segure o infinito na palma da mão
> E a eternidade em uma hora.

Como a referência de Blake à eternidade sugere, o problema de estar preso em um mundo de conceitos, funções e desejos também pode ser expresso em termos de tempo. Quando percebemos o mundo principalmente como uma coleção de utensílios que agarramos para perseguir o que desejamos, também estamos instrumentalizando o presente como um meio de alcançar algo no futuro. O presente se torna desvalorizado em uma série de momentos que desaparecem, à medida que alcançamos algo que ainda não é. A sensação de *carência* do eu significa que o presente não pode nunca ser bom o suficiente. Nossos projetos de *carência* são sempre voltados para o futuro. Novamente, fazer isso é ignorar algo sobre o agora, o que é às vezes chamado de *eterno* agora: não o presente como uma linha divisória infinitesimal entre as infinidades do passado e do futuro, mas um presente que é "sem fim ou começo" (o significado literal de eterno). Esse presente não desaparece porque nada lhe falta.

Será por isso que nos deliciamos com a inocência de crianças e animais de estimação, porque apreciamos tanto a música e a dança? Em um mundo super-instrumentalizado, eles nos trazem de volta ao aqui e agora. Crianças pequenas, em particular, ainda não aprenderam que a vida é um negócio sério e que precisam estar sempre se preparando para o futuro. Talvez Jesus estivesse aludindo a isso quando declarou: "Em verdade vos digo, a menos que mudeis e vos tornardes como crianças, nunca entrareis no reino dos céus". Talvez o reino dos céus esteja mais perto do que imaginamos.

Isso também explica por que gostamos tanto de estar na natureza? Nós a achamos curativa, mesmo quando não entendemos por que ou como, mas claramente tem algo a ver com o fato de que o mundo natural nos oferece uma fuga temporária de nossas vidas instrumentalizadas.

Construir o mundo de forma pré-consciente com a linguagem nos aprisiona dentro dela. Porque o significado para nós se tornou uma função das palavras, tendemos a perder o significado de tudo o mais. Em *A Language Older than Words* (Uma linguagem mais velha do que as palavras), Christopher Manes compara isso com nossa experiência antiga:

> Para a maioria das culturas ao longo da história, incluindo a nossa em tempos pré-letrados, o mundo inteiro costumava falar. Os antropólogos chamam isso de animismo – a visão de mundo mais difundida na história humana. As culturas animistas ouvem o mundo natural; para elas, os pássaros têm algo a dizer, assim como vermes, lobos e cachoeiras.

Eles não pararam de falar, mas não somos mais capazes de ouvir o que estão dizendo.

Em *The Re-Enchantment of the World* (O Re-encantamento do Mundo), Morris Berman elabora esse ponto:

> A visão da natureza que predominou no Ocidente até as vésperas da Revolução Científica foi a de um mundo encantado. Rochas, árvores, rios e nuvens eram vistos como maravilhosos e vivos, e os seres humanos se sentiam em casa nesse ambiente. O cosmo, em suma, era um lugar de pertencimento. Um membro desse cosmos não era um observador alienado dele, mas um participante direto em seu drama. Seu destino pessoal era ligado ao destino daquele, e essa relação dava sentido a sua vida. Esse tipo de consciência... envolve fusão, ou identificação, com o entorno e evidencia uma integridade psíquica que há muito já saiu de cena.

Para muitos povos indígenas ainda "não há dois mundos, de pessoas (sociedade) e coisas (natureza), mas apenas um – um meio-ambiente – saturado com poderes pessoais e abraçando tanto os seres humanos, quanto os animais e plantas dos quais eles dependem, e a paisagem em que vivem e se movem" (Tim Ingold).

Um exemplo clássico é fornecido em *Lame Deer: Seeker of Visions* (Cervo Manco: Buscador de Visões), quando o indígena Lakota Lame Deer chama a atenção de um visitante para sua panela:

> Não parece ter uma mensagem, essa panela velha, e acho que você não dá a mínima... Mas eu sou índio. Penso sobre as coisas comuns como esta panela. A água borbulhante vem da nuvem de chuva; ela representa o céu. O fogo vem do sol que nos aquece todos – humanos, animais, árvores. A carne representa as criaturas de quatro patas, nossos irmãos animais que deram suas vidas para que vivêssemos. O vapor é respiração viva: era água, agora sobe para o céu, tornando-se nuvem novamente. Essas coisas são sagradas. [...] Nós, os Sioux, passamos muito tempo pensando nas coisas do dia a dia. [...] Vemos no mundo a nosso redor muitos símbolos que nos ensinam o significado da vida. Temos um ditado que diz que o homem branco vê tão pouco que deve ver com apenas um olho. Nós vemos muito do que você nem mais percebe. Poderia perceber se quisesse, mas você está geralmente ocupado demais. Nós, índios, vivemos em um mundo de símbolos e imagens onde o espiritual e o comum são um.

Observe que essa passagem extraordinária não sugere nenhum dualismo cosmológico, embora "um mundo de símbolos e imagens" possa ser um pouco enganoso. Lame Deer está descrevendo uma maneira diferente de *perceber* o mundo. Sua panela velha é mais do que um utensílio. Para ele, cozinhar o jantar é um ato sagrado, pois ele não ignora o cosmos encantado do qual participa.

Essas referências a outras tradições espirituais nos lembram que o budismo não tem o monopólio do Darma. Outra tradição não-dual que ressoa mais profundamente com a perspectiva oferecida neste livro é o taoísmo. Isso não deve nos surpreender, dada a maneira como o taoísmo interagiu com o budismo Mahayana na China, mas o taoísmo é também a tradição da Era Axial que se enraíza mais enfaticamente no mundo natural. A afirmação de Nagarjuna de que o samsara não é diferente do nirvana não era nada de novo na China, que tinha pouco interesse em qualquer despertar que nos bifurcasse deste mundo.

Nos dois textos mais importantes do *Taoísmo*, o *Tao Te Ching* e especialmente o *Zhuangzi, a* natureza não é apenas um refúgio, mas revela a verdadeira natureza das coisas, que a civilização humana tende a obscurecer. Ambos dão as costas à sociedade para comungar com florestas, montanhas e suas criaturas. O Tao não transcende este mundo, pois é uma não-coisa vazia e inesgotável que dá origem a todas as suas dez mil coisas, e tornar-se não-coisa é um retorno a essa fonte. De fato, se o shunyata budista for entendido como um potencial ilimitado sem quaisquer formas ou características próprias, gerando todas as formas que vivenciamos, torna-se difícil distinguir shunyata de Tao. Como diz o *Zhuangzi*:

> Há algum lugar de onde nascemos, no qual morremos, de onde saímos, por onde entramos; é isso que se chama Portão do Céu. O Portão do Céu é aquilo que não tem nada; a miríade de coisas continua vindo daquilo que é sem nada. Algo não pode se tornar algo por meio de algo; continua necessariamente surgindo daquilo que é sem nada; mas o que é sem nada é para sempre sem nada. O sábio armazena *nele*. (Tradução e itálico de A. C. Graham).

O sábio armazena naquilo que é para sempre sem nada – que é *nenhuma-coisa*. Como as inúmeras coisas surgem? Segundo o *Zhuangzi*:

> O conhecimento dos antigos era perfeito. Quão perfeito? A princípio eles não sabiam que havia coisas. Esse é o conhecimento mais perfeito; nada pode ser adicionado. A seguir, sabiam que havia coisas, mas ainda não faziam distinções entre elas. Em seguida, fizeram distinções entre elas, mas ainda não passavam julgamentos sobre elas. Quando julgamentos foram passados, o Tao foi destruído.

Os capítulos internos do *Zhuangzi* concluem: "Agarre-se a tudo que você recebeu do Céu, mas não pense que recebeu alguma coisa. Seja vazio, isso é tudo".

O QUE ESTAMOS NEGLIGENCIANDO?

Embora essa linguagem não seja budista, essas passagens não parecem estar descrevendo uma maneira semelhante de vivenciar? De fato, o que foi dito sobre nomenclatura, funções e desejos (intenções) – como constroem o mundo que normalmente consideramos garantido – pode nos ajudar a compreender o enigmático primeiro capítulo do *Tao Te Ching,* que expõe exatamente os mesmos pontos. Aqui está minha própria tradução (com a ajuda de outras traduções):

> O Tao que pode ser "taoado" não é o constante Tao
> O nome que pode ser nomeado não é um constante nome
> Não-ter-nomes é a fonte de céu e terra
> Ter-nomes é a mãe das dez mil coisas
> Sem desejo/intenção, contemple a maravilha
> Com desejo/intenção, observe as formas
> Essas duas coisas têm a mesma origem
> Embora sejam diferentes em nome
> Sua semelhança é chamada de mistério
> De mistério em mistério: a porta de todas as maravilhas!

O primeiro verso enfatiza que o Tao é indescritível porque está além de todos os nomes, não sendo estruturado pela linguagem. O Tao não pode seja "taoado" porque isso lhe daria um nome, faria dele uma coisa. Ele é constante, imutável, por ser sem nomes ou formas que poderiam mudar. O segundo verso refere-se a uma maneira diferente de vivenciar que envolve dar nomes. As coisas que nomeamos não são constantes porque "vêm e vão."

> Não-ter-nomes é a fonte de céu e terra
> Ter-nomes é a mãe das dez mil coisas

Aquilo que não tem nome, o qual no entanto chamamos de Tao, é a fonte de tudo que se manifesta. Nomear (linguagem) dá nascimento a todas as coisas: nosso mundo cotidiano é construído pela identificação e diferenciação das coisas.

> Sem desejo/intenção, contemple a maravilha
> Com desejo/intenção, observe as formas

Esses dois versos apontam para a articulação entre as duas formas de vivenciar. Quando não há desejos ou intenções (o termo chinês *yu* pode ser traduzido das duas maneiras), o mundo não é reificado em uma coleção de utensílios, e podemos perceber o mistério inefável que é o Tao. Quando temos desejos/intenções, agarramos o mundo e o vivenciamos da maneira utilitária usual, como composto de uma multiplicidade de formas (nomeadas).

> Essas duas coisas têm a mesma origem
> Embora sejam diferentes em nome

Tendo distinguido esses dois modos de vivência, esses versos apontam agora para sua não-dualidade. Essas não são duas realidades diferentes, mas dois lados da mesma realidade, lembrando-nos da afirmação de Nagarjuna de que não há diferença real entre samsara e nirvana.

> Sua semelhança é chamada de mistério
> De mistério em mistério: a porta de todas as maravilhas!

Os dois últimos versos se maravilham de o mundo ter esses dois aspectos muito diferentes e, no entanto, ser um, como as duas faces de uma moeda. É um mistério, mas talvez esse mistério se torne um pouco mais compreensível quando entendemos como a linguagem constrói o mundo de forma pré-consciente e como a meditação ("jejum mental" no taoísmo) pode desconstruí-lo.

Para resumir, nossa preocupação normal em tentar satisfazer desejos envolve compreender o mundo como uma coleção de coisas cujos nomes são funções; isso as transforma em utensílios para obter o que queremos. Muitas vezes precisamos fazer isso, é claro, mas quando essa é a única maneira de nos relacionar com o mundo, esquecemos algo essencial: que todas as formas nomeadas e apreendidas, inclusive nós mesmos, são manifestações de algo que é em si mesmo sem nome, sem forma, incompreensível e misterioso.

A ECOLOGIA DA PROPRIEDADE

O que tudo isso implica sobre nossa relação coletiva com a Terra? A ênfase taoísta, em retornar a uma forma mais inalterada de ser parte do mundo natural, levanta inevitavelmente a questão do relacionamento entre a civilização humana e a biosfera que a sustenta. Hoje, claro, essa relação é mais tensa do que era na época de Laozi e Buda. Duzentos anos atrás, pouco mais de 3 por cento da população mundial vivia em cidades; hoje, bem mais da metade de nós vivemos em áreas urbanas. Segundo ecopsicólogos, muitos habitantes urbanos sofrem não apenas de vários tipos de superlotação e poluição, mas também do que chamam de "síndrome do déficit natural".

Ambientes urbanos envolvem uma relação mais utilitária com o entorno, o que tem implicações importantes para quão firmemente entrincheirados estamos na "realidade consensual" que vivencia o mundo como uma coleção de objetos para uso. Nas cidades quase tudo com que nos relacionamos é um utensílio, incluindo a maioria das pessoas, a quem aprendemos a ver em termos de suas funções: o balconista, o garçom do restaurante, a motorista do ônibus e assim por diante. Vivemos entre máquinas e coisas produzidas por máquinas, enquanto em uma floresta estamos inseridos em um mundo onde as coisas que encontramos estão vivas. Em outras palavras, áreas urbanas são construídas de tal forma que quase tudo e todos são um *meio* para obter ou realizar algo. Cercados por muitas outras pessoas ocupadas em fazer a mesma coisa, é difícil *ver através* ou *abandonar* essa forma de se relacionar com o mundo, descobrindo que existe outra maneira de percebê-lo.

Pensar em utensílios levanta questões sobre tecnologia – nosso maior utensílio, na verdade. As tecnologias estendem nossas faculdades humanas, inclusive a capacidade de instrumentalizar o mundo natural com mais eficiência. De acordo com Michael Zimmerman, "o mesmo dualismo que reduz as coisas a objetos da consciência está em ação no humanismo que reduz a natureza a matéria-prima para o homem". Jacques Ellul descreve a tecnologia moderna como "a força definidora de uma nova ordem social na qual a eficiência não é mais uma opção, mas uma necessidade imposta a todas as atividades humanas". Eficiência não significa determinar as metas ou fins a serem valorizados e buscados; trata-se apenas de avaliar meios – em relação ao mundo natural, significa medir quão economicamente podemos utilizar os "recursos" do mundo (que nos incluem, é claro). Será isso outro exemplo de os meios devorando os fins?

Max Frisch disse que a tecnologia é "a artimanha de organizar o mundo de forma a não termos de vivenciá-lo". Será que a civilização moderna é a artimanha de organizar a Terra de forma a não termos de vivenciá-la? Ou de organizar a forma como vivemos juntos para não percebermos que fazemos parte do mundo natural?

Por que não percebemos isso? Um dos pilares da visão de mundo que assumimos coletivamente hoje é um princípio que a crise ecológica expõe como problemático, até mesmo perigoso. É um construto social que, como o dinheiro, desenvolveu-se de maneiras que precisam ser reavaliadas e reconstruídas.

O problema básico com a *propriedade*, especialmente a terra, é que, ao pertencer a outra pessoa (ou outra coisa, como uma corporação), ela é reduzida a um meio para os fins do proprietário. Apesar de ser indispensável à civilização como a conhecemos, nosso conceito moderno de propriedade privada não é algo natural à sociedade humana da maneira que, por exemplo, a linguagem e as ferramentas materiais são. Sociedades de caçadores e coletores que não cultivam seus alimentos têm uma relação muito diferente com a terra em que vivem e com as outras criaturas com as quais convivem. Isso tem às vezes levado a mal-entendidos fatídicos. Quando os nativos americanos "venderam" Manhattan aos holandeses pelo equivalente a sessenta florins, é improvável que ambos os lados dessa transação a entendessem da mesma forma. No final, o que importou é que os holandeses e seus sucessores tinham a capacidade de fazer valer seu entendimento legal do acordo. O fato de que todas as concepções de propriedade são cultural e historicamente condicionadas nos lembra de que a propriedade não é inerentemente sacrossanta. Nossos acordos sociais sobre propriedade podem ser alterados, e hoje precisam ser mudados, como parte de nossa resposta ao crescimento social e à crise ecológica.

Em seu *Segundo Tratado*, o filósofo político inglês John Locke argumentou que os governos são instituídos para garantir os direitos das pessoas a "vida, liberdade e propriedade", que Thomas Jefferson notoriamente mudou para "vida, liberdade e busca da felicidade" quando escreveu a Declaração da Independência. Embora no Gênesis, Deus dê o mundo para toda a humanidade em comum, Locke afirmou que os direitos à propriedade individual são direitos naturais. O que é menos conhecido, entretanto, é a cláusula que Locke acrescentou: que alguém pode se apropriar de uma propriedade dessa forma somente se "houver [propriedade] suficiente, e igualmente boa, deixada em comum para os outros."

Em seu *Discurso sobre a desigualdade,* Jean-Jacques Rousseau, filósofo francês do Iluminismo, discordou de Locke: a propriedade não é um direito inalienável, mas um construto social que fundou a ordem social. "O primeiro homem, tendo fechado um pedaço de solo, a quem ocorreu declarar seu e achou pessoas suficientemente simples para acreditá-lo, foi o verdadeiro fundador da sociedade civil". Apesar de declarar que essa pessoa hipotética era "um impostor" responsável por misérias e horrores, Rousseau, no entanto, acreditava na importância desse construto: "o direito de propriedade é o mais sagrado de todos os direitos de cidadania".

Embora as duas visões de propriedade sejam diferentes, compartilham algo mais importante: ambas as perspectivas estão preocupadas apenas com os direitos do proprietário e não têm nada a dizer sobre os direitos do que é possuído – porque a propriedade, é claro, não tem nenhum. Uma abordagem budista menos dualista, entretanto, sugere uma perspectiva diferente.

De acordo com o Cânone Pali, o Buda não desafiou a ideia da propriedade privada. Quando os comerciantes pediam conselhos, ele enfatizava como alguém ganha riqueza e como deve usá-la. A acumulação de riqueza por si foi condenada em favor da generosidade – que pode ter algo a ver com o fato de que a comunidade monástica dependia do apoio leigo. O Sutra do Rugido do Leão conta uma história sobre um reino que desmorona quando o governante não dá propriedade para aqueles que estão empobrecidos. A moral não é que o crime da pobreza-induzida deve ser punido severamente, nem que os pobres são responsáveis por sua própria pobreza e deveriam trabalhar mais, mas que o estado tem a responsabilidade de ajudar as pessoas em suas necessidades básicas.

Claro, havia também outro lado dos ensinamentos do Buda, que enfatizava o desapego aos bens materiais e promovia o valor de se ter menos desejos. Os monásticos, por exemplo, deviam contentar-se com os quatro requisitos: comida suficiente para aliviar a fome e manter a saúde, roupas suficientes para manter o recato e proteger o corpo, abrigo suficiente para se concentrarem no cultivo mental, e cuidado médico suficiente para curar e prevenir doenças básicas. Bens pessoais eram limitados a três mantos, uma tigela de mendigar, uma navalha, uma agulha, um coador de água e um cordão em volta da cintura.

Essa redução da ênfase na propriedade pessoal é consistente com os ensinamentos budistas sobre o eu. A palavra *propriedade* deriva do latim *proprius,* "seu próprio". Não há propriedade, seja território ou posses móveis, a menos que haja alguém que a possua. O conceito é inerentemente dualista: o proprietário reifica, com efeito, o que é possuído. Então o que significa propriedade para uma tradição que é devotada a realizar que não pode haver nenhum dono real porque não há nenhum eu?

Em termos de "realidade consensual convencional", no entanto, a propriedade é obviamente um construto social necessário. Por quê? Isso nos traz de volta à preocupação básica do budismo: aliviar dukkha – "sofrimento" no sentido mais amplo. De uma perspectiva budista, a propriedade é um construto social útil na medida em que reduz dukkha, mas problemático quando aumenta dukkha. Nem é preciso dizer que essa perspectiva é bem diferente do ponto de vista predominante que determina em grande parte como nossa civilização se relaciona com a Terra hoje.

Portanto, a questão não é se eu tenho acesso exclusivo a minha escova de dentes ou itens pessoais semelhantes. A questão é se pessoas e empresas ricas devem ser livres para possuir quantas propriedades quiserem, e se devem ser capazes de utilizar essas propriedades (especialmente terras) da maneira que quiserem, incluindo formas que arruínem a terra. Hoje o ponto crucial, com poucas exceções, é que a propriedade é "intocável" se as mesmas pessoas e empresas ganharam seu dinheiro legalmente e compraram a propriedade legalmente. É delas para que possam fazer mais ou menos o que quiserem. Para a Terra sobreviver ao ataque de nossa espécie, no entanto, esse acordo social sobre a propriedade precisa ser repensado. Em vez de se concentrar apenas no que é benéfico para uma espécie, que tal pensar no bem-estar do planeta? Há outra alternativa além de relacionar-se com "essa coisa" (estamos falando sobre a Mãe Terra aqui!) como algo para os humanos explorarem?

Esse não é um apelo ao socialismo, na medida em que significa que o estado possui tudo, com efeito, em nome de todos os seus cidadãos. De uma perspectiva ecológica, isso geralmente equivale a uma versão coletiva do mesmo dualismo sujeito-objeto, proprietário-propriedade.

Estou falando de um novo movimento pela liberdade.

O PRÓXIMO MOVIMENTO DE LIBERAÇÃO?

O desenvolvimento da civilização ocidental tem sido frequentemente compreendido em termos de maior liberdade. Segundo o historiador Lord Acton, o aumento da liberdade tem sido o tema central da história. Desde o Renascimento tem havido ênfase progressiva na liberdade religiosa (a Reforma), depois na liberdade política (começando com as revoluções inglesa, americana e francesa), liberdade econômica (luta de classes), liberdade colonial (movimentos de independência), liberdade racial (campanhas anti-escravidão e movimentos pelos direitos civis) e, mais recentemente, liberdade sexual e de gênero (direitos das mulheres, gays, transgêneros, e assim por diante).

Há, no entanto, outra maneira de descrever esse desenvolvimento histórico. Quase todos esses movimentos de liberdade podem ser entendidos como lutas para superar a exploração hierárquica que são formas (aqui está de novo!) de dualidade meios-fins. A escravidão, por exemplo, foi chamada de "morte social" porque a vida de um escravo é completamente subordinada aos interesses do senhor. O patriarcado subordinou as mulheres aos homens da mesma forma, explorando-as para trabalho doméstico, prazer sexual e produção de filhos. Os governantes e o povo que eles oprimem, os colonialistas e os colonizados, os barões extorsionistas e os trabalhadores: todas essas são versões de relações desiguais que foram racionalizadas como naturais e, portanto, como adequadas. Em todos esses casos, liberdade significa deixar de ser um meio para os fins de outra pessoa. A democracia implica, em princípio, não definir a personalidade jurídica de ninguém por sua sub-serviência ao que outra pessoa deseja que ela faça.

Qual é o próximo passo nessa progressão histórica? Bem, qual é a subordinação meios-fins que continua sendo o maior problema hoje, quando nossos extraordinários poderes tecnológicos transformam a terra e todas as suas criaturas em uma coleção de recursos extraídos e consumidos de todas as maneiras por nós humanos?

Se essa visão instrumentalista do mundo natural está no cerne de nosso predicamento ecológico, talvez o próximo passo na superação dos relacionamentos hierárquicos meios-fins seja apreciar que o planeta e sua magnífica teia de vida são muito mais do que apenas um recurso para o benefício de uma espécie. Em vez de dispensar tal possibilidade como um auto-sacrifício coletivo improvável, esse movimento de liberdade pode ser baseado na percepção oposta: de que a crise demonstra que nosso próprio bem-estar não pode ser realmente separado do bem-estar do todo.

Segundo o "ecoteólogo" Thomas Berry, o universo não é uma coleção de objetos, mas uma comunidade de sujeitos. Nossa própria biosfera é um exemplo resplandecente dessa comunidade. Os humanos não são o fim último, nem o objetivo do processo evolutivo, porque nenhuma espécie é – ou melhor, porque todas as espécies são. Hoje precisamos pensar seriamente sobre o que significa viver na Terra dessa forma.

Claro, dadas as realidades econômicas e políticas enraizadas, qualquer movimento social nessa direção seria uma fantasia idealista.

Exceto o que já está acontecendo.

"SOU O RIO E O RIO SOU EU"

Nossa atitude em relação aos animais mudou consideravelmente desde os dias quando os passageiros atiravam em bisões das janelas do trem, só por diversão. Hoje temos santuários de animais e leis que os protegem da crueldade desenfreada – e agora foram iniciados desenvolvimentos mais radicais.

Segundo a jurisprudência tradicional, a natureza é propriedade sem quaisquer direitos legais, por isso as leis ambientais têm se concentrado apenas em regulamentar a exploração. Recentemente, entretanto, os direitos inerentes do mundo natural foram reconhecidos no Equador, Nova Zelândia e Índia, o que significa que casos jurídicos podem ser apresentados *em seu nome.*

Acordando com a visão de mundo tradicional dos povos Quechua nos Andes, o Equador aprovou em 2008 uma nova constituição que determina o direito do mundo natural de existir, manter-se e regenerar. O Equador é o primeiro país a consagrar legalmente os direitos da natureza. Segundo seu artigo 71: "A natureza, ou *Pachamama,* onde a vida é criada e reproduzida, tem o direito de ter sua existência integralmente respeitada, bem como o direito de manutenção e regeneração de seus ciclos vitais, estruturas, funções e processos evolutivos. Cada pessoa, comunidade, povo ou nacionalidade pode exigir da autoridade pública que esses direitos da natureza sejam cumpridos".

Na Nova Zelândia, ao que costumava ser o Parque Nacional Te Urewera na Ilha do Norte, foi concedida personalidade jurídica em 2014. O governo desistiu da propriedade formal, e agora é uma pessoa jurídica com "todos os direitos, poderes, deveres e responsabilidades de uma pessoa jurídica", de acordo com a Lei Te Urewera. Entre outras coisas, personalidade jurídica significa que ações judiciais para proteger a terra podem ser movidas em nome da terra em si, sem a necessidade de mostrar dano a nenhum ser humano.

Essa designação incomum é o resultado de acordos entre o governo da Nova Zelândia e grupos Maori, que discutiram durante anos a tutela das características naturais do país. Segundo Chris Finlayson, procurador-geral da Nova Zelândia, o problema foi resolvido apreciando a perspectiva Maori. "Em sua visão de mundo, 'eu sou o rio e o rio sou eu'. [...] Sua região geográfica é essencial a quem eles são". Pita Sharples, ministro dos assuntos Maori quando a lei foi aprovada, disse que o acordo "é uma alternativa profunda para a presunção humana de soberania sobre o mundo natural". Jacinta Rum, da Universidade de Otago, chamou a nova lei de "indubitavelmente, legalmente revolucionária", não apenas para a Nova Zelândia, mas para o mundo como um todo. Em 2017, também foi concedida personalidade jurídica ao rio Whanganui, terceiro mais longo da Nova Zelândia.

Também em 2017, um tribunal superior do estado de Uttarakhand, no norte da Índia, declarou os rios Ganges e Yamuna como pessoas jurídicas. Mais tarde estendeu essa designação a seus afluentes, inclusive geleiras, rios, riachos, córregos, lagos, ar, prados, vales, selvas, florestas, pântanos, pastagens, nascentes e cachoeiras. Citando o novo status do rio Whanganui na Nova Zelândia, os juízes determinaram que os dois rios e seus afluentes são "entidades legais e vivas com o status de pessoa viva com todos os direitos, deveres e passivos".

A decisão indiana é distinta de duas maneiras. Primeiro, que os juízes tenham se referido ao novo status do rio Whanganui na Nova Zelândia como precedente é em si um precedente importante que pode levar a mais decisões na Índia e em outros lugares. Será que a designação de personalidade jurídica para sistemas naturais como rios é uma ideia cuja hora chegou?

Em segundo lugar, diferentemente da Nova Zelândia, a decisão indiana foi resposta direta ao aumento da poluição do Ganges e do Yamuna, e à incapacidade dos governos federal e estadual de trabalharem juntos para proteger os dois rios, que são considerados sagrados pela maioria dos hindus. Esse precedente também é importante. Se os regimes jurídicos de direito de propriedade não estão trabalhando para proteger os ecossistemas ameaçados, é reconhecido que novas formas de pensar e agir podem ser necessárias. (Contudo, a decisão do tribunal superior foi posteriormente anulada pelo Supremo Tribunal da Índia como sendo inexequível.)

O mais radical desses desdobramentos, potencialmente, é o da nova constituição do Equador, que não identifica áreas particulares para status especial, mas consagra os direitos da natureza em todo o país. Há um contraste interessante a ser feito aqui com o sistema de Parques Nacionais dos EUA, que foi chamado de "melhor ideia da América" por Ken Burns (entre outros). Como aponta Curtis White, no *Nós, Robôs,* "O sistema de parques nacionais também é nossa *pior* ideia, pois coloca um limite na natureza, além do qual somos livres para ser tão destrutivos quanto quisermos. Dirija para fora do limite de um parque e de repente você está no Mundo do Petróleo ('nossa favela nacional de automóveis', como definiu James Howard Kunstler)". A crise ecológica expõe os limites dessa forma dualista de pensar. White continua, dizendo:

> Na era das mudanças climáticas, a fronteira entre natureza e civilização não significa nada. O besouro da casca do pinheiro, que atualmente devasta florestas cada vez mais ao norte, não foi consultado sobre essas fronteiras. ("Você não pode comer essa floresta, é um Parque Nacional!") E isso é apenas uma pequena parte da devastação que será trazida pelo aquecimento global.

Enquanto escrevo este capítulo, há uma ação judicial de "direitos da natureza", buscando personalidade jurídica para o Rio Colorado. "Há uma compreensão crescente de que as estruturas ambientais que existem hoje sob a égide de leis ambientais não são adequadas para proteger o meio-ambiente", segundo Mari Margil, do Fundo de Defesa Legal Ambiental Comunitário, que está atuando como assessora jurídica no caso. "Eles começam do lugar errado, da premissa errada de que a natureza deve ser tratada como sem direitos, como propriedade e, portanto, não podemos nem mesmo proteger seu direito básico de existir, muito menos de florescer".

Conceder personalidade jurídica a alguns lugares especiais não salvará, por si só, a nós ou à biosfera terrestre, mas aponta para uma mudança incipiente em nossa compreensão coletiva de nossa relação com a Terra. O poema de Wendell Berry "Como ser um poeta" diz que "não há locais não sagrados. Existem apenas lugares sagrados e lugares dessacralizados". Nós dessacralizamos o mundo natural quando nos relacionamos com ele apenas como um meio instrumental para algum outro fim (como crescimento econômico). Nós o ressacralizamos quando percebemos e respeitamos sua própria natureza-Buda.

"Pois tudo o que vive é sagrado." (William Blake)

Estamos aqui para despertar da ilusão de nossa separação.
— THICH NHAT HANH

Será que Deus e a Mãe Natureza são casados, ou apenas bons amigos?
— O FILHO DE RICHARD LOUV, MATTHEW, DE CINCO ANOS

Nós não viemos a este mundo. Nós saímos dele, como botões saindo de ramos e borboletas de casulos. Somos um produto natural desta terra, e se nos tornamos seres inteligentes, só pode ser porque somos frutos de uma terra inteligente, que é nutrida, por sua vez, por um sistema inteligente de energia.
— LYALL WATSON

Nosso desafio é criar uma nova linguagem, até mesmo um novo senso do que é ser humano. É transcender não apenas as limitações nacionais, mas mesmo o nosso isolamento de espécie, para entrar na comunidade maior de espécies vivas. Isso traz um senso de realidade e valor completamente novo.
— THOMAS BERRY

A mente que busca o contato com a Via Láctea é a própria mente da galáxia Via Láctea, em busca de suas próprias profundezas.
— BRIAN SWIMME E THOMAS BERRY

A terra expõe o Darma, os seres vivos o expõem; por todos os três tempos, tudo o expõe.
— AVATAMSAKA SUTRA

O céu é meu pai e a terra é minha mãe, e mesmo uma criatura assim pequena como eu encontra um lugar íntimo em seu meio. Aquilo que se estende através do universo considero meu corpo, e aquilo que dirige o universo considero minha natureza. Todas as pessoas são meus irmãos e irmãs, e todas as coisas são minhas companheiras.
— ZHANG ZAI

Se continuarmos abusando da Terra desta forma, não há dúvida de que nossa civilização será destruída. Essa reviravolta requer iluminação, despertar. O Buda alcançou o despertar individual. Agora precisamos de uma iluminação coletiva para deter este curso de destruição. A civilização vai acabar se continuarmos a nos afogar na competição por poder, fama, sexo e lucro.
   – THICH NHAT HANH

O que aconteceu com aquela oportunidade de nos tornarmos mais plenamente humanos que o "controle da natureza" deveria fornecer?
   – JOSEPH WOOD KRUTCH

Não podemos prever o futuro, mas podemos augurar que estamos nos aproximando de uma separação ética dos caminhos que será tão decisiva quanto a separação biológica, vinte ou vinte e cinco milhões de anos atrás, entre o caminho que conduziu ao Homem e o caminho que conduziu aos macacos hominídeos. Mais uma vez, as alternativas podem ser extremos polares.
   – ARNOLD TOYNBEE

Aquele que ama o mundo inteiro como se fosse seu próprio corpo Pode ser confiado ao mundo.
   – TAO TE CHING

4
Será o mesmo problema?

Os ensinamentos budistas tradicionais nos oferecem um caminho para resolver nossa situação pessoal – "nós", nesse caso, refere-se a indivíduos que têm o potencial de despertar, um a um. As implicações coletivas desses ensinamentos receberam pouca atenção e provavelmente não puderam ser muito desenvolvidas, dado seu contexto político e histórico. Embora a sanga monástica tenha sido descrita às vezes como a primeira democracia na história da humanidade, nenhuma sociedade budista asiática teve uma política democrática até a era moderna. Muitos governantes estavam ansiosos para declarar-se bodisatvas ou mesmo budas, mas não sei de nenhum que encorajou professores budistas a examinarem o que poderia ser chamado de *dukkha institucional,* causado por sistemas sociais hierárquicos e exploradores. Hoje realmente não temos escolha, dados os desafios sociais e ecológicos que nos confrontam, e felizmente nossas democracias, embora defeituosas de maneiras cada vez mais óbvias, ainda fornecem liberdade de religião e de expressão suficiente para que possamos fazê-lo.

Os dois capítulos anteriores enfocaram o caminho individual do despertar e da transformação pessoal. O Capítulo 2 descompactou a analogia do avião de Trungpa: "A iluminação é como cair de um avião. A má notícia é que não há paraquedas; a boa notícia é que não há solo". O avião é o mundo como normalmente entendemos, "realidade consensual" que pode ser desconstruída e reconstruída. A iluminação é sempre um acidente, mas a meditação nos torna propensos a acidentes. Quando nos soltamos, podemos perceber um terreno sem chão, onde não há segurança ou insegurança porque não há um eu que precise ser protegido.

O Capítulo 3 diz mais sobre por que vivenciamos o mundo da maneira que normalmente o fazemos e como desfazer isso. A linguagem não apenas rotula as coisas que percebemos; ela as identifica por suas funções e as organiza em uma coleção de utensílios. Essa forma de construir o mundo não é algo que "eu" faço. Em vez disso, o ato de agarrar cria tanto o agarrador quanto o agarrado – a sensação de um eu *interior* que se sente separado do mundo *exterior* objetivado. Ao fazer isso, ignoramos constantemente que as formas que apreendemos ao nomear – inclusive a nós mesmos – são o "presenciar" de uma "não--coisa" geradora que não tem nome nem forma e é maravilhosa.

Ao descrever nosso dilema usual e a resposta budista, os capítulos anteriores também extraíram algumas das implicações ecológicas. Já que despertar envolve perceber que não somos separados uns dos outros nem da Terra, torna-se aparente que as maneiras pelas quais vivemos juntos e nos relacionamos com essa última precisam ser reconstruídas também. Isso implica no engajamento coletivo com o *dukkha social:* trabalharmos juntos para desafiar as estruturas econômica e política problemáticas que estão profundamente entrelaçadas com a crise ambiental e as questões de justiça social que enfrentamos hoje. Ao vivenciar nosso mundo humano do dia-a-dia primordialmente como uma coleção de utensílios, temos reificado o mundo natural em uma coleção de recursos a serem explorados. A crise ecológica levanta uma questão que se tornou inevitável: nós possuímos a Terra, ou a Terra nos possui? Ademais, será que precisamos reavaliar o conceito de propriedade?

Este capítulo vai tecer esses vários fios para oferecer uma visão mais sistemática da relação entre os ensinamentos budistas tradicionais e nossa situação ecológica de hoje. Isso envolve algo mais do que apenas explicar textos antigos. Não fui capaz de encontrar nenhuma referência à mudança climática nos sutras Pali nem nos sutras Mahayana – embora, para ser honesto, não tenha tentado muito. Gautama Buda viveu em uma época e lugar muito diferentes: a Índia da Idade do Ferro cerca de 2.400 anos atrás. Sua vida e ensinamentos sugerem um profundo apreço pelo mundo natural, mas não dizem nada sobre aquecimento global, buracos na camada de ozônio, ou eventos de extinção de espécies – o que não deve nos surpreender, já que nenhum deles era um problema à época. É importante notar que, como seus contemporâneos, ele também não sabia nada sobre o dióxido de carbono nem qualquer elemento da tabela periódica, nem sobre a estrutura celular da vida, DNA, ou inúmeros outros fatos científicos que tomamos como certos agora. Isso não é uma crítica, claro, mas um lembrete. O budismo não é apenas o que o Buda ensinou, mas o que o Buda iniciou – e mantemos a tradição viva, mantendo-a relevante para a nossa situação.

Então, o que o budismo tem a nos oferecer agora, enquanto lutamos para responder a uma emergência ecológica sem precedentes? Como os capítulos anteriores enfatizaram, o que o Buda conhecia era dukkha, "sofrimento" no sentido mais amplo: não apenas dor, mas insatisfação, desconforto, ansiedade... Basicamente, a realidade de dukkha significa que é da natureza de nossas mentes não despertas preocupar-se com alguma coisa. Gautama declarou que o que ele ensinava era dukkha e como acabar com dukkha, o que não significa que a vida seja sempre miserável, mas que mesmo aqueles que são ricos e saudáveis vivenciam normalmente um mal-estar que continua roendo por dentro.

O que isso pode contribuir para nossa compreensão da crise ecológica? Nossa situação, que está deteriorando rapidamente, decerto causa dukkha – uma quantidade enorme, tanto humano quanto não-humano! – mas como esse dukkha coletivo se relaciona ao dukkha individual que o Buda enfocou? Este capítulo explora o que me parecem ser paralelos precisos e profundos entre nosso dilema pessoal perene, de acordo com os ensinamentos budistas tradicionais, e o dilema contemporâneo de nossa civilização agora-global. Como muitos outros, alego que a eco-crise é tanto um desafio espiritual quanto tecnológico e econômico; destrinchar essas semelhanças ajudará a substanciar essa afirmação.

Será que isso significa que também há um paralelo entre as duas soluções, individual e coletiva? Será que a resposta budista a nosso dilema pessoal também aponta o caminho para resolver o dilema coletivo? Veremos.

O DILEMA INDIVIDUAL

Nosso dilema individual costumeiro, que hoje é fundamentalmente o mesmo do que nos dias do Buda, pode ser resumido da seguinte forma:

1. O eu é um construto psicológico e social.
2. Esse construto envolve uma sensação de separação do mundo "lá fora", o que causa ansiedade.
3. Essa ansiedade *(carência)* inclui confusão sobre quem eu sou e o sentido de minha vida.
4. Em resposta, tento me enraizar de maneiras que muitas vezes pioram minha situação.
5. Não consigo me livrar do eu, mas posso perceber que ele é "vazio".
6. Essa percepção me libera e me capacita a ajudar "outros".

A primeira afirmação, de que o eu é um construto psicológico e social, é um truísmo da psicologia do desenvolvimento. Ser totalmente humano é mais do que uma conquista biológica: os bebês não nascem com um senso de eu – a socialização é essencial. Uma mãe (por exemplo) olha nos olhos do bebê e diz seu nome. O bebê não apenas aprende a se identificar com esse nome, aprende com o tempo a se ver da maneira que a mãe o vê: como um eu, um tipo especial de coisa interior, separada e bem diferente das outras coisas externas.

Onde o budismo difere da maior parte da psicologia moderna é em sua declaração implícita de que há algo inerentemente desconfortável sobre esse construto. Além da dor física e mental, e do descontentamento muitas vezes causado pela impermanência (especialmente quando contemplo minha própria), um eu que se sente separado do resto do mundo é dukkha.

A psicanálise clássica, assim como muita psicoterapia ainda hoje, preocupa-se com a identificação e resolução de traumas devidos a eventos dolorosos que aconteceram mais cedo na vida. "Se isso não tivesse acontecido, eu não seria tão infeliz hoje..." De uma perspectiva budista, entretanto, a internalização de um sentido de eu, embora necessária para funcionar no mundo, é ainda assim problemática em si mesma. Como explicaram capítulos anteriores, o problema básico não é o que aconteceu, é que "eu" aconteci. Já que o *sentido* do eu é um construto, não corresponde a nada substancial. Não é uma coisa real, mas um monte de funções interativas: perceber, sentir, agir, reagir, lembrar, planejar, pretender... o que significa que o eu está normalmente ansioso e inseguro, pois não há nada lá que possa ser protegido. Em outras palavras, é desenraizado e "inenraizável", o que nos remete à analogia do avião de Trungpa. Não é que o eu dentro do avião seja enraizado e perca esse enraizamento quando cai. Dentro do avião o eu vivencia seu desenraizamento como uma *carência*: a sensação de que, mesmo quando as coisas estão indo bem, há algo errado comigo. Cair do avião e experimentar minha falta de solo é simplesmente realizar minha verdadeira natureza – que sempre foi assim.

Esse é o cerne da ignorância que o budismo enfatiza. Tentamos nos proteger identificando-nos com coisas "fora" de nós que (pensamos) podem fornecer a base pela qual ansiamos: dinheiro, bens materiais, reputação, poder, atratividade física e assim por diante. David Foster Wallace chama essas coisas de "o que idolatramos". Ofereci outros termos para essas obsessões: "projetos de carência" (porque acreditamos que eles vão preencher nosso senso de carência) ou "projetos de realidade" (porque acreditamos que eles nos farão sentir mais *reais)*. Normalmente entendemos mal nosso desconforto como se devido à falta de tais coisas. Visto que nenhuma delas pode realmente enraizar ou proteger nosso senso de eu, isso significa que não importa quanto dinheiro, fama e assim por diante, possamos acumular, nunca parece suficiente.

Tragicamente, muitos desses esforços para resolver o problema envolvem manipular outras pessoas de maneiras que reforçam o problema real – a sensação de que existe um "eu" separado dos outros. Tentar me fazer seguro agarrando algo acaba reificando e desvalorizando o mundo, transformando-o em um meio para meus fins nunca totalmente alcançados: o lugar onde acontecem meus projetos de carência. Qualquer outro valor ou significado que o mundo possa ter tende a ser ignorado no processo.

A solução budista para essa situação não é "livrar-se" do eu. Isso não pode ser feito e não precisa ser feito, já que nunca houve um eu separado do qual se livrar. É o *senso* do eu que precisa ser desconstruído (por exemplo, "esquecido" na meditação) e reconstruído (por exemplo, substituindo os "três venenos" da ganância, hostilidade e delusão por generosidade, bondade amorosa e a sabedoria que reconhece nossa interdependência). De acordo com o significado etimológico de *Buda* como "um desperto", o budismo é literalmente "despertismo", pois seu caminho envolve desmascarar a ilusão de separação. Não estou dentro, olhando para um mundo objetivo lá fora. Em vez disso, "eu" deixo de lado as tentativas de projeto de carência para me enraizar, e realizo meu desenraizamento em um mundo misterioso onde tudo mais também é desenraizado, manifestando uma coisa – ou melhor, uma *não-coisa* – que é inapreensível e incognoscível, mas está constantemente se presenciando em formas múltiplas.

Projetos de carência envolvem preocupação comigo mesmo: o sentido da minha vida é sobre *mim*. Perceber minha falta de enraizamento me libera desse autocentramento e transforma o mundo também, pois este não é mais apenas o lugar onde jogo meus jogos de carência. Isso também muda o significado de minha vida. Embora eu esteja livre agora para viver como gosto, será naturalmente de uma forma que contribui para o bem-estar do todo, pois não me sinto separado desse todo. O foco muda de "como posso me tornar mais *real*?" para "o que posso fazer para tornar este mundo melhor para todos nós?"

Surpreendentemente, esse relato budista de nosso dilema individual corresponde exatamente à nossa situação ecológica hoje.

NOSSO DILEMA COLETIVO

Não temos apenas o senso individual do eu, também temos eus grupais. Não sou apenas David Loy; sou homem, branco, cidadão americano e assim por diante. E assim como o senso individual de um eu separado tende a tornar-se problemático, também os sensos coletivos de eu são com frequência problemáticos, pois também distinguem o *interior* do *exterior*: homens de mulheres, brancos de negros, americanos de chineses e assim por diante. Aqueles de nós que estão dentro não

SERÁ O MESMO PROBLEMA?

são apenas diferentes daqueles do lado de fora; gostamos de pensar que somos melhores do que eles e, em todo caso, a sensação de separação racionaliza a busca de nosso próprio bem-estar à custa deles. Obviamente, muitos dos problemas do mundo ocorrem por causa de tais eus grupais, grandes e pequenos.

A questão aqui é se a proposição "eu separado = dukkha" também é verdadeira para nosso maior senso coletivo de eu: a dualidade entre nós como espécie, *Homo sapiens sapiens,* e o resto da biosfera. De fato, existem paralelos notáveis entre o senso individual de eu e o senso coletivo de eu da humanidade:

1. Como o senso pessoal de eu, a civilização humana é um construto.
2. Esse construto também levou a um senso coletivo de separação (alienação) do mundo natural, o que causa dukkha.
3. Esse dukkha envolve ansiedade, inclusive incerteza sobre o significado e direção de nossa civilização agora-global.
4. Nossa principal resposta a essa alienação e ansiedade – a tentativa coletiva de nos proteger ou "enraizar-nos" – torna as coisas piores.
5. Não podemos "retornar à natureza", mas podemos realizar nossa não-dualidade com o resto da biosfera, e o que isso acarreta.
6. Essa realização coletiva irá esclarecer o que significa ser humano. Como uma espécie que faz parte de algo maior do que nós, nosso papel é servir ao bem-estar desse todo – o que também irá nos curar.

Vamos destrinchar esses paralelos.

O Capítulo 2 discutiu a afirmação de Loyal Rue de que as religiões da Era Axial, tais como o cristianismo e o budismo, encorajam a indiferença às questões sociais e ecológicas, pois enfatizam o dualismo cosmológico e a salvação individual. Em um famoso ensaio sobre "As raízes históricas de nossa crise ecológica", Lynn White Jr. traçou nossa alienação contemporânea do mundo natural de volta à arrogância cristã para com a natureza, com base em textos antropocêntricos como Gênesis 1:28: "Preencha a terra e subjugue-a, e tenha domínio sobre os peixes do mar, sobre os pássaros do ar e sobre todas as coisas vivas". Hugh Brody, em *The Other Side of Eden* [O outro lado do Éden], centra-se nessa "versão de fazendeiro da história" como o momento crucial em nosso deslocamento do mundo natural. Para os caçadores-coletores, em contraste com os agricultores, "tudo é fundado na convicção de que o lar já é o Éden e que o exílio deve ser evitado". Somos lembrados da panela de Lame Deer, sua relação com as nuvens, o céu e as criaturas de quatro patas.

Mesmo se pensarmos em nós mesmos como pós-cristãos, nossa civilização agora-global ainda assume como certo "o axioma cristão de que a natureza não tem razão de existência, salvo para servir ao homem. [...] Apesar de Darwin, *não* somos, em nossos corações, parte do processo natural. Somos superiores à natureza, desdenhosos dela, dispostos a usá-la para nosso menor capricho" (Lynn White Jr.). Para o cristianismo tradicional, a terra se torna apenas um pano de fundo para o drama humano do pecado e da salvação.

A civilização ocidental é geralmente entendida como tendo duas raízes: a judaico-cristã e a grega clássica. A Grécia foi outra cultura da Era Axial, embora sua forma de dualismo cosmológico tenha sido humanista em vez de religiosa. Os pensadores da Grécia clássica reforçaram o abismo judeu-cristão ao descobrir uma até então não apreciada diferença entre a sociedade humana e o mundo natural: nossa estrutura social – como vivemos juntos – é um construto coletivo que podemos reconstruir.

A afirmação de que a civilização humana é um construto parece tão óbvia que nos é difícil entender uma visão alternativa. Hoje nós presumimos que há muitas maneiras de viver juntos. Se o processo democrático de aprovação de novas leis não está funcionando bem, movimentos de reforma e revoluções são possíveis. No entanto, essa alegação autoevidente não era óbvia para sociedades arcaicas. O mundo moderno deve esse insight à Grécia, que na época do Buda começou a distinguir *nomos* – as convenções da sociedade humana (inclusive cultura, tecnologia e assim por diante) – de *physis* – os padrões naturais do mundo físico. Os gregos perceberam que, ao contrário do mundo natural, as convenções sociais que constituem a sociedade podem ser reconstruídas. Platão, por exemplo, ofereceu planos detalhados para reestruturar a cidade-estado grega em dois de seus diálogos, a *República* e as *Leis*. Hoje, claro, estamos familiarizados com muitos desses modelos, mas quando estudamos sua *República,* estamos lendo algo que foi bastante revolucionário em sua época.

O ponto importante é que civilizações arcaicas da Mesopotâmia, Egito, Índia e China aceitaram suas próprias estruturas sociais tradicionais e hierárquicas como inevitáveis, pois presumiam serem tão naturais – e, portanto, tão sagradas – quanto seus ecossistemas locais. O mesmo aconteceu com os maias, incas e astecas do Novo Mundo, o que é especialmente interessante porque, embora essas três culturas tenham influenciado um pouco umas às outras, não houve influência conhecida de nenhum dos impérios da Eurásia. Esse acordo sugere que, quando civilizações mais complexas se desenvolveram, foi *natural* para elas pensar em suas próprias estruturas sociais como naturais. Será que isso significa que nossa distinção moderna entre natureza e sociedade humana, herdada dos gregos, é *"desnatural"* de alguma forma?

Nessas civilizações, os governantes às vezes eram derrubados, mas novos governantes invariavelmente os substituíam no ápice da pirâmide social, que também era uma pirâmide religiosa. Os reis eram deuses ou semelhantes a deuses, no sentido em que desempenhavam um papel único na comunicação com as divindades que supervisionavam nosso mundo criado. Isso destaca algo mais que tais sociedades não desenvolveram, mas que hoje tomamos como certo: a distinção entre o poder político (o Estado) e a autoridade religiosa (a Igreja). Desempenhar seu papel na sociedade e ser religioso – para servir aos deuses – equivaliam-se. A pessoa apoiava a ordem social hierárquica, que era sagrada, e com isso os rituais do rei-deus e seus sacerdotes.

A diferença mais significativa entre essas civilizações e a nossa hoje – e isso nos traz ao ponto principal – é que todas elas acreditavam ter um papel importante em manter o cosmos funcionando harmoniosamente, e se elas não executassem essa tarefa, o universo iria quebrar ou desmoronar. O exemplo mais conhecido é provavelmente o dos astecas, que realizavam sacrifícios humanos em massa porque o sangue era necessário para manter o deus-sol em seu curso pelos céus. Os sumérios, na Mesopotâmia, acreditavam que os humanos tinham sido criados pelos deuses para serem seus servos, e se não os servíssemos (oferecendo sacrifícios, por exemplo), os deuses ficariam descontentes – e não queremos transtornar os deuses!

No hinduísmo, o termo *darma* não significa apenas a lei cósmica, que criou o universo do caos, mas também designa o comportamento humano, tanto ético quanto ritualístico, que mantinha a ordem cósmica, bem como a ordem social. As diferentes castas tinham diferentes *darmas,* e por essa razão era importante manter o sistema de castas.

Em suma, as distinções que agora tomamos como certas entre o mundo natural, a ordem social e a religião não existiam para essas civilizações antigas.

O entendimento do indivíduo de que sua própria sociedade era natural foi usado para justificar arranjos sociais inaceitáveis hoje, é claro. Nenhuma das civilizações mencionadas acima era democrática ou tinha um sistema legal independente de defesa dos direitos humanos. No entanto, havia um lado positivo: acreditar que a estrutura de sua sociedade fazia parte da ordem natural, e que os humanos têm um papel importante a desempenhar para manter essa ordem natural harmoniosa, conferia um benefício psicológico extraordinário. Os membros de tais culturas compartilhavam e tinham por certo um senso de *significado* que hoje não temos mais, e que de fato mal podemos conceber. Por entenderem sua sociedade como parte integrante do cosmos, sua função social também era parte integrante do cosmos. Tanto pessoal quanto coletivamente, eles sabiam por que estavam aqui e o que tinham a fazer.

Hoje, no entanto, o significado de nossas vidas individuais e de nossa sociedade tornou-se algo que temos que decidir por nós mesmos em um universo cuja significância (se houver alguma) não é algo sobre o que concordamos. A religião, para a maioria de nós no mundo moderno, tornou-se uma questão de preferência pessoal, uma liberdade que celebramos, mas o fato de estarmos tão cientes de outras opções diminui a segurança psicológica que uma afiliação exclusiva tradicionalmente oferece. Embora desfrutemos de muitas liberdades que as sociedades arcaicas não proporcionavam, e não abriríamos mão delas livremente, o preço psicológico dessas liberdades é que perdemos o conforto básico que vem de "conhecer" o próprio papel na sociedade e o papel da sociedade no cosmos.

SERÁ O MESMO PROBLEMA?

O resultado de tudo isso – para melhor e para pior – é a ansiedade crescente sobre quem somos e o que significa ser humano. A perda de fé na orientação da vida, fornecida pela religião tradicional, deixou muitos de nós sem leme. Nossas tecnologias cada vez mais poderosas nos permitem realizar quase tudo que queremos, mas não sabemos o que *devemos* fazer. Na medida em que não podemos mais confiar em Deus nem em governantes divinos para nos orientar, somos jogados de volta a nós mesmos, e a falta de qualquer enraizamento em algo maior do que nós tornou-se uma fonte profunda de dukkha, tanto coletivo quanto individual.

Nossa situação hoje está bem expressa nas frases finais do livro de Yuval Harari, *Sapiens: Uma Breve História da Humanidade:*

> Apesar das coisas surpreendentes que os humanos são capazes de fazer, continuamos inseguros de nossos objetivos e parecemos estar mais descontentes do que nunca. Avançamos de canoas para caravelas, de navios a vapor para ônibus espaciais, mas ninguém sabe onde estamos indo. Somos mais poderosos do que nunca, mas temos muito pouca ideia do que fazer com todo esse poder. Ainda pior, os humanos parecem mais irresponsáveis do que nunca. Deuses autogerados, com apenas as leis da física para nos fazer companhia, não temos de prestar contas a ninguém. Por consequência, estamos causando devastação para nossos companheiros animais e para o ecossistema circundante, buscando pouco mais do que nosso próprio conforto e diversão, mas nunca encontrando satisfação.
>
> Existe algo mais perigoso do que deuses insatisfeitos e irresponsáveis que não sabem o que querem?

O cerne do problema – *por que* não sabemos o que queremos – é que não cremos mais ter nenhum papel a desempenhar no cosmos. Já que "sabemos" que os humanos, assim como todas as outras espécies que evoluíram, são meros acidentes de mutação genética, não somos responsáveis perante nada e ninguém além de nós mesmos. Tudo o que podemos fazer então é nos divertir – se pudermos, quanto mais pudermos, enquanto pudermos – até nossa morte.

Não é de admirar que nos sintamos insatisfeitos e ajamos de forma irresponsável.

Resumindo, hoje nosso senso de separação do mundo natural tornou-se uma fonte contínua de alienação e frustração. Isso explica os três paralelos enumerados anteriormente: a civilização humana moderna como nosso construto coletivo envolve incerteza individual sobre o que significa ser humano, incerteza coletiva sobre aonde nossa civilização agora-global está indo e o que ela deveria estar fazendo.

Isso nos traz ao quarto paralelo. Qual tem sido nossa resposta a esse dilema coletivo?

Para destacar o paralelo com nossa situação individual, vamos lembrar como costumamos responder pessoalmente. Nossa situação individual é que a sensação de um eu separado é sombreada por uma sensação de *falta*: a sensação de que algo está errado comigo. Normalmente entendemos mal a origem do problema, projetando-o para fora. O que está errado comigo é que *não tenho o suficiente*: dinheiro, bens de consumo, prestígio e assim por diante. Uma vez que esses são apenas sintomas do verdadeiro problema, nunca consigo obter o suficiente para acalmar a sensação de *carência* em meu cerne. Na verdade, meus esforços para fazer isso podem agravar a situação. As tentativas de manipular os outros tendem a reforçar o sentido de separação entre nós... Existe uma versão coletiva de tudo isso?

Acredito que sim. Depende de nossa obsessão com "progresso", termo capcioso. Essa palavra deriva do latim *pro-gressus,* "avançar ou seguir em frente". Mas é certeza que o progresso é uma coisa boa? O problema é que o termo foi sequestrado para validar as consequências de crescimento econômico contínuo e desenvolvimento tecnológico sem fim, quaisquer que sejam os custos sociais e ecológicos. A implicação é que, embora possa haver alguns "subprodutos" adversos de tal desenvolvimento, eles podem ser consertados – geralmente por mais do mesmo crescimento econômico e tecnológico que nos proporcionará mais recursos para resolver esses problemas.

No entanto podemos nos perguntar: quando vamos consumir o suficiente? Quando os lucros corporativos, o preço das ações e nosso produto interno bruto coletivo serão suficientemente grandes? Quando teremos toda a tecnologia de que precisamos? Essas perguntas parecem

SERÁ O MESMO PROBLEMA?

estranhas porque sabemos que não há limites para esses processos cada vez maiores, mas não há algo estranho com *isso?* Por que *mais e mais* é sempre *melhor,* se nunca pode ser *o suficiente?* Se progresso significa caminhar para frente, como sabemos que estamos indo na direção certa? Estamos tentando ir a algum lugar, ou estamos tentando fugir de algo?

Assim voltamos à questão agora familiar de meios e fins. É outra versão do problema com o poder – que é um bom servo, mas um mau mestre. O crescimento tecnológico e econômico em si pode ser um *meio* valioso, na medida em que pode fornecer os recursos para realizar o que queremos; não é bom como fim em si mesmo, pois não pode responder à pergunta humana básica sobre o que significa ser humano e o que devemos fazer com todos aqueles recursos. Uma vez que, no entanto, não temos outra resposta para essa questão – nenhuma com a qual concordemos coletivamente, de qualquer forma – o desenvolvimento tecnológico e econômico tornou-se, com efeito, um substituto. Os meios tornaram-se os fins. Eles funcionam como formas de salvação secular que buscamos, mas nunca alcançamos. Sem saber para onde ir ou o que valorizar, nossa civilização tornou-se obcecada por poder e controle sempre crescentes.

O que procuramos? A civilização moderna é construída sobre o afastamento entre natureza e cultura. Não nos sentimos mais enraizados no mundo natural, o que cria o fardo de tentar criar o nosso próprio solo – enraizando-nos a nós mesmos, de fato. E o que estamos descobrindo, ecológica e psicologicamente, é que isso não pode ser alcançado por meio da tecnologia. Estamos nos tornando mais ansiosos e compulsivos, não menos. Somos assombrados por uma sensação coletiva de *carência.*

O capítulo 3 apontou que, ao perceber o mundo como uma coleção de utensílios, tendemos a instrumentalizar o presente. Meu senso de *falta* impulsiona-me a focar no futuro, quando ele será (espero) finalmente resolvido, conforme atinjo meus objetivos. Então ficarei satisfeito e contente. Nosso foco coletivo no "progresso" equivale à mesma coisa. A promessa de desenvolvimento tecnológico e econômico é que o mundo será melhor no futuro, se utilizarmos o presente como meio de chegar lá. Em vez de ficar melhor, no entanto, as mudanças que estão acontecendo no presente continuam a acelerar e tornar-se cada vez mais estressantes. O futuro continua acenando, mas por algum motivo nunca chegamos lá.

Essa forma de compreender nossa situação coletiva sugere que a crise ecológica é inevitável. Qualquer sistema técnico-econômico que precisa continuar crescendo (para evitar o colapso) mais cedo ou mais tarde colidirá contra os limites da biosfera. Mas existem maneiras diferentes de entender qual é o problema básico. Da perspectiva daqueles comprometidos com esse sistema, a solução é mais do mesmo: mais desenvolvimento tecnológico (painéis solares mais eficientes, por exemplo) e mais crescimento econômico (mais empregos nos setores de energia solar e eólica). Embora ambos possam ser importantes, essa característica confiança em uma salvação tecnológica também é um sintoma do desafio maior, na medida em que a crescente dependência de tecnologias sofisticadas cada vez mais poderosas tende a agravar nossa sensação de separação do mundo natural. Se os paralelos discutidos neste capítulo forem válidos, qualquer solução de sucesso para o problema maior da civilização moderna – o senso coletivo de separação e alienação do mundo natural – deve envolver o reconhecimento de que somos parte integrante da Terra.

Então essa solução envolve "retornar à natureza"? Lembre o paralelo individual: não consigo me livrar do eu porque ele nunca existiu. Tampouco quero me livrar de meu senso de identidade, que é necessário para funcionar no mundo. Em vez disso, preciso perceber que o eu é "vazio", manifestação impermanente de algo maior que não apreendo, mas para o qual me abro.

De forma semelhante, não podemos retornar ao mundo natural porque nós nunca o deixamos.

Olhe a seu redor. Mesmo se estiver dentro de uma sala sem janelas, tudo que você vê, seja feito pelo homem ou não, é derivado da natureza: madeira de árvores, plástico de petróleo, metal de minérios, concreto de cimento, areia e cascalho... e não esqueçamos de incluir nossos corpos e roupas. O meio ambiente não é apenas um "meio ambiente", ou seja, não é apenas o lugar onde nos localizamos por acaso. Em vez disso, a biosfera é a base de onde e na qual surgimos. Nós não estamos na natureza, nós *somos a* natureza. A terra não é apenas nossa casa, é nossa mãe. Antes de torná-la um recurso, ela é A Fonte.

Na verdade, nosso relacionamento com a Mãe Terra é ainda mais íntimo, pois nunca podemos cortar o cordão umbilical. Fantasias sobre terra-formação em Marte revelam menos sobre o potencial de uma colônia extraterrestre do que sobre como nos distanciamos de nosso lar planetário. Nossos corpos não terminam nas pontas dos dedos das mãos e dos pés. O ar em seus pulmões, assim como a água e a comida que entram em sua boca e passam por seu sistema digestivo, é parte de um sistema holístico maior que circula através de cada um de nós. Os corpos humanos são feitos dos mesmos elementos que compõem os oceanos, rios, montanhas e árvores. Nosso sangue é salgado porque duplica nossa casa original no oceano. Nós compartilhamos pelo menos 98 por cento do nosso DNA com chimpanzés e bonobos. Buddhadasa Bhikkhu nos lembra o que isso significa:

> Todo o cosmo é uma cooperativa. O sol, a lua e as estrelas vivem juntos como uma cooperativa. O mesmo é verdade para humanos e animais, árvores e a terra. Nossas partes corporais funcionam como uma cooperativa. Quando percebemos que o mundo é uma empresa mútua, interdependente e cooperativa, que os seres são todos amigos em comum no processo de nascimento, velhice, sofrimento e morte, então podemos construir um meio-ambiente nobre, até mesmo celestial. Se nossas vidas não forem baseadas nessa verdade, então todos nós morreremos.

Nossa espécie nunca foi separada, apenas (como coloca Thomas Berry) "autista".

UMA ILUMINAÇÃO COLETIVA?

Entender intelectualmente que sou parte de algo maior que eu é diferente de realizar isso em uma experiência transformadora. E quando consideramos o paralelo do coletivo, o desafio se torna muito maior. Como poderia a compreensão conceitual apresentada acima resolver a ansiedade básica que atormenta hoje nossa civilização global, quando devemos criar nosso próprio significado em um mundo onde Deus morreu? As visões de mundo arcaicas e o significado de vida "dado como certo" que elas forneciam não são mais uma opção séria. Mas que outras alternativas são possíveis para nós?

Destacar esse paralelo significa perguntar qual transformação coletiva pode corresponder ao despertar individual que o budismo tradicionalmente promove. "O Buda alcançou o despertar individual. Agora precisamos de uma iluminação coletiva para interromper o curso da destruição" (Thich Nhat Hanh). Este capítulo conclui com algumas reflexões sobre o que isso pode significar.

Um dos aspectos misteriosos do despertar budista é que, se não há eu, quem ou o que é que desperta? A "nova cosmologia" proposta por Thomas Berry e Brian Swimme oferece uma resposta: os humanos são uma forma pela qual "o universo se reflete e se celebra em um modo especial de percepção consciente". Ou mais simplesmente, "somos a autoconsciência do universo". Nossa espécie é como o universo torna-se autoconsciente. Se entendermos a evolução biológica como a forma como nosso cosmo auto-organizado se tornou não apenas mais complexo mas mais consciente, isso sugere uma perspectiva diferente sobre a natureza de nossa autoconsciência.

A questão é: qual é o *eu* que se tornou autoconsciente? Nós humanos podemos nos dar tapinhas nas costas em comemoração a nosso especial modo de percepção, mas de uma perspectiva budista nossa consciência é geralmente falha pela delusão de ser a consciência de um eu individual separado dos outros e do resto o mundo. O caminho budista (como outras tradições espirituais não dualistas) enfatiza a importância de realizar que corporificamos algo maior: essa consciência não é algo que um eu individual tem, mas o senso de eu é uma das maneiras pelas quais ela se manifesta.

Em outras palavras, dizer que somos a autoconsciência do universo significa que o eu que é consciente é o próprio universo. Quando Mara questionou a iluminação do Buda – "Quem testemunha que seu despertar é genuíno?" – o que o Buda fez? Não disse nada, mas simplesmente tocou a terra. Para fazer minha citação budista favorita, usada por Dogen para descrever seu próprio despertar: "Vim a perceber com clareza que mente nada mais é do que rios e montanhas e a grande e vasta terra, o sol, a lua e as estrelas". A inferência é que a evolução biológica precisa ser complementada por esse tipo de evolução espiritual e cultural, que dá o próximo passo para revelar nossa não-dualidade com a Mãe Terra. Resulta que nosso verdadeiro eu é também o nosso verdadeiro lar.

Essa maneira de entender a iluminação budista – como o próximo passo na evolução humana – também nos dá uma perspectiva diferente sobre a crise ecológica. É claro que nosso senso coletivo de separação da Terra levou à destruição do planeta. Como poderia ser diferente, quando a Terra é valorizada apenas como meio de satisfazer nossos objetivos egocêntricos? A eco-crise é um desafio espiritual tanto quanto tecnológico e econômico, pois leva-nos a dar o próximo passo. A afirmação de Thich Nhat Hanh de que precisamos de uma iluminação coletiva para deter o curso da destruição aponta para o fato de que agora precisamos evoluir espiritualmente para sobreviver fisicamente.

Se for assim, torna-se ainda mais urgente clarificar o que *iluminação coletiva* significa. Se seres despertos como Gautama Buda são protótipos para a transformação cultural mais ampla necessária, será que a iluminação coletiva significa que uma porcentagem considerável de indivíduos despertam no sentido tradicional budista, ou outra coisa? É difícil imaginar o que essa "outra coisa" possa ser. É ainda mais difícil, no entanto, acreditar que um enorme número de praticantes irá despertar em breve e formar um grupo experiente o bastante para liderar o tipo de movimento social necessário à resolução da crise ecológica com rapidez suficiente.

Ou será essa compreensão muito estreita da iluminação o verdadeiro problema? Podemos estar procurando no lugar errado, perdendo assim o que estamos procurando – uma revolução social na consciência e um engajamento que pode já estar acontecendo.

Um ponto relevante aqui é que as tradições budistas conceituaram a iluminação individual de diferentes maneiras. Historicamente no budismo do leste asiático, um dos principais debates tem sido sobre se o despertar é repentino ou gradual. Embora o "esquecer-se de si mesmo" e abandonar, conforme discutido no capítulo *2*, possam levar a uma experiência abrupta da ausência de chão, essa não é a única forma em que a transformação profunda pode acontecer. Apesar de sua própria experiência famosa de iluminação repentina, Dogen enfatizou que o zazen (meditação Zen) não é um meio para esse objetivo, pois o próprio zazen manifesta a verdadeira natureza desapegada e sem forma de nossas mentes. Fazer *shikan taza* ("apenas sentar") nesse espírito também é abandonar e ser transformado, mesmo que não estejamos cientes disso no momento. Compara-se isso a andar por um prado cedo de manhã: podemos, durante um tempo, não perceber que nossas roupas ficaram úmidas com o orvalho da relva.

Como seria uma versão coletiva da iluminação gradual? Essa pergunta mais específica é fácil de responder, pois pode já estar acontecendo.

Em seu livro *Blessed Unrest: How the Largest Movement in the World Came into Being, and Why No One Saw* (Sagrado desassossego: como o maior movimento no mundo veio a surgir e por que ninguém viu), Paul Hawken documenta o surgimento de uma rede mundial de organizações socialmente engajadas, que brotou em resposta a desafios globais que nos ameaçam hoje, tanto questões de justiça social como ecológicas. Esse "movimento de movimentos" é o maior de todos os tempos – pelo menos dois milhões de organizações, talvez muitas mais – e também o de crescimento mais rápido. "É a primeira vez na história que um movimento de tamanha escala e amplitude surge em todos os países, cidades e culturas do mundo, sem líder, livro de regras ou sede central.... É vasto, e as questões amplamente definidas como justiça social e meio ambiente não são separadas de nenhuma forma".

Em entrevista publicada na revista *Tricycle,* Hawken traça a origem desse movimento à sacralidade da vida e à compaixão abraçadas por várias religiões da Era Axial, mas sem uma ideologia comum:

> Tenha em mente que a ideologia é o que sempre levou a humanidade a problemas e não vai nos servir aqui. Todo 'ismo' acaba em cisma, incluindo o budismo; e no caso da maioria dos 'ismos', os resultados são violência, guerra e crueldade. O dom desse movimento é que já está atomizado. Não é um ismo: não pode dividir-se; só pode juntar-se. É algo que nunca vimos antes na história humana. Por conseguinte, não temos nome para isso.

O mais impressionante de tudo é a metáfora que Hawken usa para descrever esse movimento: é a "resposta imunológica" da humanidade, surgindo como se espontaneamente para proteger a nós e ao planeta das forças que estão despojando nosso mundo. As organizações que compõem esse movimento são "anticorpos sociais ligando-se às patologias do poder". Ele dedica um capítulo inteiro para destrinchar essa analogia.

> Assim como o sistema imunológico reconhece eu e não-eu, o movimento reconhece o que é humano e o que não é humano. Assim como o sistema imunológico é a linha de defesa interna que permite a um organismo persistir ao longo do tempo, a sustentabilidade é uma estratégia para a humanidade continuar a existir ao longo do tempo. A palavra *imunidade* vem do latim *im munis,* significando pronto para servir.

Observe que um sistema imunológico é parte de algo maior que si mesmo, ao qual serve defendendo. Os glóbulos brancos não têm dificuldade em descobrir qual é sua função. Dados os tipos de infecção que confrontam nosso sistema imunológico coletivo hoje, esse paralelo também parece óbvio. Estamos aqui para ajudar a terra a curar-se – processo que também nos curará. Essa pode ser uma nova maneira de entender o caminho budista, mas esse caminho não é novo, como aponta Hawken:

> Em termos de compromisso, acho que a prática budista é, por sua própria natureza, mudança social. Ela cultiva a compaixão, que é a fonte de transformação. A palavra significa "sofrer com" ou "sofrer junto"; assim, a compaixão surge de um lugar profundo de receptividade e escuta que é o começo da cura. Estamos falando amplamente sobre a cura do mundo, uma jornada de mil anos.

Praticante do Zen, Hawken vê o budismo como uma parte crescente desse movimento:

> O budismo como instituição se tornará muito mais engajado nas questões sociais, pois não consigo ver um futuro onde as condições não piorem para todos nós. A dádiva dos próximos anos é que não podemos abordar as questões salien-

tes de nosso tempo e ser as mesmas pessoas que somos hoje. Dukkha, sofrimento, sempre foi o cadinho de transformação para aqueles que praticam.

O budismo não é evitar o sofrimento, mas ser transformado por ele – o que sugere que há muitas transformações em nosso futuro.

Por se concentrar no engajamento social, Hawken não acentua que isso também parece ser o começo de uma transformação na consciência humana. "Hoje milhões de cidadãos trabalham em nome de pessoas que eles nunca conheceram ou conhecerão, e é surpreendente que o altruísmo guie e permeie o movimento de crescimento mais rápido no mundo". Joanna Macy afirma o mesmo:

> Onde quer que eu vá com workshops, encontro disposição para experimentar um despertar coletivo. Estou surpresa com o quão explícito isso é. É um senso de querer pertencer à Terra, um anseio por reverência pela Terra. Repetidamente acredito que pessoas estariam prontas a morrer pelo nosso mundo, para salvar o processo da vida. Há algo simplesmente enorme pressionando dentro do coração-mente. Está acontecendo muito rápido.

Será que a iluminação coletiva que Thich Nhat Hanh pede já está acontecendo? Como pequena parte desse movimento mundial, poderia o budismo desempenhar um papel distinto ao encorajar não apenas a liberação de consciência, mas a aplicação da consciência liberada às crises sociais e ecológicas que hoje nos desafiam?

No entanto, devemos lembrar (como faz Hawken) que os sistemas imunológicos às vezes falham, e que "esse movimento certamente poderia falhar também". Os patógenos, como o vírus da imunodeficiência humana (HIV) que causa a AIDS, matam seu hospedeiro destruindo o sistema imunológico do corpo. Será que existe aqui outro paralelo menos esperançoso com o sistema imunológico da Terra? Resta saber quão resilientes são os ecossistemas da biosfera, e quão bem-sucedida será a resposta imune coletiva.

ECODARMA

Se as tendências atuais continuarem, nós não continuaremos.
— DANIEL MAGUIRE

Se não vencermos muito rapidamente na mudança climática, nunca venceremos. Essa é a verdade central sobre o aquecimento global.
— BILL MCKIBBEN

Estamos sob um grande equívoco de que somos uma espécie boa, indo a algum lugar importante, e que no último minuto corrigiremos nossos erros, e Deus sorrirá para nós. É uma delusão.
— FARLEY MOWATT

O apocalipse não é algo que está chegando. O apocalipse chegou em grandes porções do planeta, e é só porque vivemos dentro de uma bolha de privilégios e isolamento social incríveis que ainda podemos nos dar ao luxo de antevê-lo.
— TERENCE MCKENNA

Que as civilizações ruem, mais cedo ou mais tarde, é uma lei da história tanto quanto a gravidade é uma lei da física.
— PAUL KINGSNORTH

O fim da raça humana será que, com o tempo, ela morrerá de civilização.
— RALPH WALDO EMERSON

A civilização é uma doença quase invariavelmente fatal, a menos que a causa seja controlada a tempo.
— DEAN INGE

Estamos agindo como se tivéssemos um desejo colossal de morte.
— JOANNA MACY

Se quisermos aprender a viver no Antropoceno, devemos primeiro aprender a morrer.
— ROY SCRANTON

É possível que a inteligência no tipo errado de espécie tenha sido antecipadamente ordenada para ser uma combinação fatal para a biosfera. Talvez uma lei da evolução seja que a inteligência geralmente se extingue.
    – E. O. WILSON

A humanidade terá o destino que merece.
    – ALBERT EINSTEIN

Você pode se poupar do sofrimento do mundo... mas talvez esse mesmo poupar seja o único sofrimento que você poderia ter evitado.
    – FRANZ KAFKA

Não deveríamos, de vez em quando, nos abrir para a tristeza cósmica?
    – ETTY HILLESUM

A tristeza é o preço que pagamos pelo amor.
    – ELIZABETH II

A tarefa é passar de finais felizes para uma serenidade madura em um mundo sem finais felizes.
    – PAUL SHEPARD

O desespero é o suicídio da imaginação. O que quer que a realidade pressione sobre nós, ainda resta a possibilidade de imaginar algo melhor, e nesse sonho permanece a fronteira de nossa humanidade e suas possibilidades. Desesperar é fechar voluntariamente uma porta que ainda não se fechou.
    – SAM SMITH

É tarde demais para ser pessimista.
    – ANÔNIMO

Quando chegar o dia do Juízo Final, se alguém tiver uma muda de palmeira na mão, deve plantá-la.
    – MAOMÉ

5
E se for tarde demais?

TARDE DEMAIS PARA QUÊ?

Quando me pergunto sobre nosso futuro ecológico, vêm à mente os exemplos de advertência da Ilha de Páscoa e da Ilha de São Mateus.

A história da Ilha de Páscoa é bem conhecida, em grande parte devido a seus *moai,* estátuas de pedra monumentais. É um dos lugares habitados mais remotos na Terra, a mais de mil e quinhentos quilômetros do povoado vizinho mais próximo, Ilha Pitcairn. Quando os navios holandeses encontraram pela primeira vez a ilha no Domingo de Páscoa em 1722, descobriram uma sociedade de duas a três mil pessoas, mal sobrevivendo em um ecossistema desmatado, com poucos recursos naturais. Os arqueólogos determinaram que os polinésios tinham chegado originalmente entre 700 e 1100 d.C., e que sua população crescera com o tempo até cerca de 15 mil pessoas. Naquela época havia vinte e uma espécies de árvores e muitos pássaros terrestres, todos os quais foram extintos com o tempo. Quando a floresta tropical nativa foi derrubada, o solo que ela protegia erodiu, e a agricultura diminuiu drasticamente. A perda de árvores também significou a incapacidade de construir barcos de pesca, e sambaquis mostram que nessa época a dieta de proteína mudou de peixes e golfinhos para aves marinhas. Logo as vastas colônias de pássaros marinhos também entraram em colapso, deixando galinhas domesticadas como a principal fonte de proteína. As figuras artísticas desse período mostram barrigas distendidas e costelas expostas. Muitos dos ilhéus mudaram-se para cavernas fortificadas, com evidências de guerra e talvez canibalismo.

A superexploração dos recursos naturais da Ilha de Páscoa levou ao desastre ecológico, mas os humanos sobreviveram, embora em circunstâncias muito reduzidas. A história da Ilha de São Mateus é bem distinta, mas igualmente perturbadora.

São Mateus é uma ilha remota no Mar de Bering, na costa do Alasca. Durante a Segunda Guerra Mundial, a Guarda Costeira dos Estados Unidos criou uma pequena base para monitorar as comunicações de rádio e, em 1944, introduziu vinte e nove renas como fonte de alimento de emergência, o que afinal não foi necessário. Quando a base foi abandonada alguns anos depois, as renas foram deixadas, e em 1963 sua população havia se multiplicado para cerca de seis mil. Durante os próximos dois anos, no entanto, seu número colapsou devido ao suprimento limitado de alimentos e um inverno excepcionalmente frio. Alguns anos depois, apenas quarenta e duas renas permaneciam, e na década de 1980 elas morreram.

Algo semelhante aconteceu com os coelhos introduzidos na pequena Ilha Lisianski, a oeste do Havaí no início do século XX. Sem predadores, eles se reproduziram e se comeram até a extinção em uma década. Nenhum sobreviveu.

O esgotamento dos recursos naturais na Ilha de Páscoa foi mais gradual do que o colapso do suprimento de alimentos em São Mateus e nas Ilhas Lisianski, e os humanos são, é claro, muito mais adaptáveis do que renas ou coelhos. Mas acho que não seria sensato depender demais de nossa engenhosidade, em face dos problemas ecológicos sem precedentes que criamos para nós mesmos. Para revisitar algumas das estatísticas mencionadas no capítulo 1: durante minha vida, a população global mais do que triplicou, de cerca de 2,5 bilhões de pessoas em 1947 para 7,7 bilhões no início de 2018. Mais de um terço das terras aráveis do planeta foi perdida nos últimos quarenta anos e a Organização das Nações Unidas para Agricultura e Alimentação prevê que o mundo tem apenas mais sessenta anos de cultivo de safras com as práticas agrícolas industriais atualmente utilizadas.

E SE FOR TARDE DEMAIS?

Dados esses desafios, e nossa óbvia incapacidade de responder adequadamente – até agora, pelo menos – não podemos fugir à questão sobre a qual a maioria de nós preferiria não pensar. E se for tarde demais para evitar o colapso civilizacional – ou pior? James Lovelock, um dos cientistas que primeiro propôs a hipótese de Gaia,[5] alertou em 2009 que a população mundial pode cair para até 500 milhões no próximo século devido ao aquecimento global. Ele também afirmou que as tentativas de combater a mudança climática não resolverão o problema, mas apenas nos darão mais tempo.

Muitos outros cientistas estão prevendo um futuro "apocalíptico", termo usado por James Hansen, ex-chefe do Instituto Goddard para Estudos Espaciais da NASA e talvez o pesquisador do clima mais famoso do mundo. Ele acredita que a mudança climática catastrófica é inevitável, a menos que descarbonizemos completamente nossas fontes de energia até 2030. Os pesquisadores da Universidade do Havaí preveem climas "historicamente sem precedentes" talvez já em 2047. Em seu livro de 2010, *Eaarth: Making a Life on a Tough New Planet* [Teerra: Sobrevivendo em um novo e difícil planeta], Bill McKibben, um dos fundadores da 350.org, enfatiza que estamos bem além do ponto de não retorno. Pensar que "precisamos fazer algo por nossos netos" é fora da realidade, pois já estamos vivendo em um planeta de um universo paralelo (daí a grafia "eaarth").

> A calota de gelo do Ártico está derretendo, e a grande geleira acima da Groenlândia está se diluindo, ambas com rapidez desconcertante e inesperada. Os oceanos estão nitidamente mais ácidos e seu nível está subindo. [...] As maiores tempestades de nosso planeta – furacões e ciclones – tornaram-se mais poderosas. [...] A grande floresta tropical da Amazônia está secando nas margens. [...] A grande floresta boreal da América do Norte está morrendo em questão de anos. [...] [Este] novo planeta se parece mais ou menos com o nosso, mas claramente não é. [...] Esta é a maior coisa que jamais aconteceu.

---

5 A hipótese de Gaia foi proposta na década de 1970 por Lynn Margulis e James Lovelock. (Nota da editora.)

Os paleontólogos estimam de várias maneiras que 95 a 98 por cento de todas as espécies que já viveram na Terra desapareceram, a maioria delas em eventos de extinção dramáticos e relativamente súbitos. Já estamos no sexto evento de extinção do planeta, neste caso produzido por uma espécie particular – a nossa – e é bem possível que nos tornemos uma das vítimas. Fred Guterl, em *The Fate of the Species* (O destino das espécies) e Clive Hamilton, em *Requiem for a Species* (Réquiem por uma espécie), argumentam que a extinção humana é um perigo muito real porque, como o biólogo de Stanford, Paul Ehrlich, coloca sem rodeios: "Ao levar outras espécies à extinção, a humanidade está ocupada serrando o galho em que está empoleirada".

Até recentemente a maioria dos cientistas relutava em fazer tais afirmações, mas muitos estão se tornando verbais sobre a possibilidade muito real do desaparecimento humano. Por exemplo, em uma entrevista de 2010 ao jornal *Australian*, Frank Fenner, distinto professor emérito de microbiologia da Universidade Nacional Australiana, previu que a raça humana provavelmente se extinguirá nos próximos cem anos, devido à explosão populacional e ao consumo desenfreado. "É uma situação irreversível. Acho que é tarde demais. [...] A mitigação iria retardar um pouco as coisas, mas já tem gente demais aqui".

Podemos ignorar o que Fenner pensa por ele não ser um cientista do clima? Será que o perigo da extinção humana é uma fantasia para nos assustar em direção a mais esforços de reparação? Mais fantasia é a generalizada crença de que o tipo de economia de crescimento industrial, promovido pelo governo de cada nação "avançada", pode continuar indefinidamente sem destruir a biosfera.

O aquecimento global já está causando muitos problemas, mas o fator crucial para nossa espécie é que nossos corpos físicos simplesmente não podem suportar as temperaturas mais altas que estão se tornando prováveis. Em um ensaio de 2013, Bill McKibben apontou o perigo de condições persistentes de "bulbo úmido" acima de 35°C e com umidade muito alta:

> Em tais temperaturas, por razões de fisiologia e física, os humanos não podem sobreviver. [...] [É] fisicamente impossível para o ambiente remover os 100W de calor metabólico que

o corpo humano gera quando está em repouso. Assim, mesmo deitada nua e quieta, sob ventos com força de furacão, uma pessoa seria incapaz de sobreviver.

Em condições duradouras de bulbo úmido, nossos corpos não conseguem se resfriar transpirando, mas em vez disso absorvem o calor do ar, resultando em hipertermia; após seis horas eles começam a parar de funcionar. Os cientistas do clima concordam que grande parte da Terra se tornará inabitável se a média global de temperaturas subir 4°C (7,2°F). Para Steven Sherwood, meteorologista da Universidade de New South Wales, Austrália, isso seria "catastrófico", e na maior parte dos trópicos a vida se tornaria "difícil, se não impossível". 4°C podem não parecer muito porque estamos acostumados a variações mais extremas durante as vinte e quatro horas de um dia, mas mesmo um aumento médio de 2-3°C significaria temperaturas regularmente ultrapassando 40°C (104°F) na América do Norte e na Europa, e temperaturas muito mais altas perto do equador. "O mês de julho mais quente na região do Mediterrâneo poderia ser 9°C (16,2°F) mais quente do que o julho mais quente até hoje" (George Marshall). Nessas temperaturas, completas condições de bulbo úmido não são necessárias para nosso corpo desagregar; por isso a onda de calor de 2003 na Europa pôde matar mais de 70.000 pessoas. Infelizmente, está se tornando cada vez menos provável que seremos capazes de evitar esse aumento médio de 2-3°C.

Uma razão pela qual isso é tão difícil de avaliar é que nos últimos 10.000 anos aproximadamente – durante os quais a civilização, inclusive a agricultura, desenvolveu-se – tanto os níveis de dióxido de carbono quanto o clima da Terra foram notavelmente constantes. Por isso tomamos essa estabilidade por certa, mas "durante a maior parte dos últimos 100.000 anos, um clima com mudanças abruptas era a regra, não a exceção", segundo o paleontologista Peter Ward. "Não temos experiência de tal mundo". Seu livro, *Under a Green Sky: Global Warming, the Mass Extinctions of the Past, and What They Tell Us about Our Future* (Sob um céu verde: aquecimento global, as extinções em massa do passado e o que eles nos dizem sobre o futuro), fornece evidências de que todos os vários eventos de extinção global (exceto talvez o desaparecimento de dinossauros, sessenta e cinco milhões de anos atrás) aconteceram por causa de rápido aquecimento global, devido ao aumento dos níveis de dióxido de carbono na atmosfera. A mudança lenta do clima dá às espécies tempo para se adaptarem evoluindo; o aquecimento rápido não.

Mas quão rápido é "rápido"? Até recentemente, os cientistas acreditavam que durante o evento de extinção mais recente, a Máxima Térmica do Paleoceno-Eoceno (PETM), há cerca de cinquenta e cinco milhões de anos, as temperaturas globais aumentaram 5-8°C ao longo de cerca de 20.000 anos, mas novos dados de sedimentos indicam que isso realmente aconteceu "num piscar de olhos geológico". Segundo um artigo de 2013 nos Procedimentos da Academia Nacional de Ciências, após um grande aumento repentino no carbono atmosférico, a superfície do oceano tornou-se ácida em poucas semanas ou meses, e *as temperaturas globais aumentaram* 5°C *em cerca de treze anos*.

Que perturbação climática poderia causar repentinamente algo assim? O perigo que nos ameaça não são apenas as emissões contínuas de dióxido de carbono, mas os "pontos de inflexão" que podem estar próximos ou já ultrapassados, nos quais ocorre um ciclo de feedback positivo. Um conhecido exemplo é o efeito albedo. A neve e o gelo do Ártico refletem a maior parte da radiação solar que recebem, enquanto a superfície do oceano absorve a maior parte dela. Devido às temperaturas mais altas, mais gelo Ártico e Antártico derrete, o que expõe mais água de superfície, que absorve mais calor, que faz com que mais gelo derreta – e assim por diante.

Embora eu não seja um cientista, do clima nem de outro tipo, o que li sugere que o ponto de inflexão mais sinistro é o perigo de um "arroto de metano". O metano é um gás composto de carbono 72 vezes mais potente do que o dióxido de carbono em um período de vinte anos. É o principal componente do gás natural queimado para aquecer casas, fornos, aquecedores de água e assim por diante. Desde o ano 1750, o metano na atmosfera aumentou cerca de 150 por cento, a um nível que agora está duas vezes mais alto do que em qualquer outro momento nos 400.000 anos anteriores. Há muitas fontes de metano atmosférico, incluindo agricultura, animais de criação, e vazamento durante o fraturamento hidráulico ("fracking"), mas de longe as maiores quantidades de metano estão atualmente presas no permafrost e sob os sedimentos do fundo do oceano, ambos os quais estão rapidamente aquecendo hoje. Alan Weisman, em *The World without Us* (O mundo sem nós), estima que 400 bilhões de toneladas de metano estão enterrados apenas no permafrost. O livro de Daniel Rirdan, *The Blueprint: Averting Global Collapse* (O projeto: evitando o colapso global), afirma que, se todo o metano do permafrost fosse liberado, seria equivalente a dez *trilhões* de toneladas de dióxido de carbono. Em comparação, a quantidade atual de todos os gases de efeito estufa liberados na atmosfera é equivalente a cerca de quarenta e quatro *bilhões* de toneladas de dióxido de carbono a cada ano.

Sem formação científica, não estou em posição de avaliar esses números. Em comparação com toda a conversa sobre as emissões de dióxido de carbono, não ouvimos muito sobre a ameaça de descargas de metano. Mas os próprios cientistas parecem estar cada vez mais preocupados. Essa descarga de grandes quantidades de metano foi sugerida como uma possível causa de pelo menos dois eventos de extinção, o Permiano-Triássico e a Máxima Térmica do Paleoceno-Eoceno. A história se repetirá?

ESPERANDO O APOCALIPSE

A palavra grega original *apocalipse,* traduzida frequentemente como "revelação", significa mais literalmente "desvelar"; envolve a divulgação de algum conhecimento oculto ou obscurecido, "uma visão dos segredos celestiais que podem dar sentido às realidades terrenas" (Bart Ehrman). No entendimento comum, entretanto, o termo se refere ao que acontecerá nos "últimos dias", quando muitas pessoas acreditam que o mundo vai vivenciar um clímax dramático de transformação. O exemplo mais conhecido está no Livro do Apocalipse, último livro da Bíblia, que conta o que Jesus supostamente divulgou a João de Patmos sobre a aproximação do fim dos tempos.

No entanto, há outra maneira de entender o *apocalipse:* como uma revelação do futuro da natureza da civilização humana e as mudanças radicais que devem ocorrer de uma forma ou de outra. Nesse sentido talvez algum tipo de apocalipse tornou-se inevitável.

Nem todas as religiões profetizam um apocalipse, mas ele é encontrado em tradições abraâmicas e não abraâmicas, inclusive o budismo. Geralmente incluem um messias ou *avatar* que aparecerá para ajudar ou melhorar o processo, muitas vezes lutando contra as forças do mal.

As tradições abraâmicas acreditam em uma cosmologia linear, na qual o mundo alcança a redenção final e permanente. No Judaísmo, os últimos dias incluem o fim da diáspora judaica, o aparecimento do messias e a ressurreição dos justos em um mundo santificado. Algumas seitas cristãs antecipam um tempo de tribulação, às vezes de mil anos, antes de Cristo retornar para derrotar o Anticristo e inaugurar o Reino de Deus. Os muçulmanos aguardam o redentor do Mahdi, que vai reinar sobre o mundo por alguns anos e então, com a ajuda de Isa (Jesus), inaugurar o Dia da Ressurreição e do Juízo.

As tradições não abraâmicas, incluindo o hinduísmo e o budismo, têm geralmente visões de mundo mais cíclicas, com longos períodos de deterioração seguidos pela restauração de uma idade de ouro e, em seguida, todo o ciclo recomeça. Para o hinduísmo, Kalki, encarnação final de Vishnu, vai aparecer em um cavalo branco para encerrar o atual Kali Yuga. De acordo com Cânone Pali e textos budistas posteriores, Gautama Buda previu que seus ensinamentos – o verdadeiro Darma – declinariam por muitas centenas de anos, durante um período de decadência física e degeneração moral, até o próximo Buda Metteya (Maitreya) aparecer para reavivar o Darma. Essa crença influenciou a forma como algumas tradições budistas se desenvolveram. Por exemplo, o Budismo Terra Pura no leste asiático enfatizou práticas devocionais para atingir a Terra Pura porque, nesta era degenerada, a iluminação é muito difícil de alcançar.

A maioria dos adeptos do budismo na Ásia está familiarizada com Maitreya, o Buda que virá, embora não haja acordo sobre quando ele deve aparecer. Hoje, no entanto, a crença em qualquer messias ou avatar, que surgirá para nos salvar de nós mesmos ou da bagunça que fizemos, é mais difícil de sustentar. Thich Nhat Hanh disse que o próximo Buda pode aparecer como uma sanga, como uma comunidade de praticantes. Devemos nos tornar coletivamente aquele por quem estamos esperando?

Bem menos conhecida do que as profecias sobre Maitreya é uma predição mais catastrófica no Anguttara Nikaya do Cânone Pali, onde Gautama Buda descreve o destino final de nosso mundo: uma série de sete sóis vai secar a terra e depois queimá-la:

> Chegará uma temporada, ó monges, quando após centenas de milhares de anos, as chuvas cessarão. Todas as mudas, toda a vegetação, todas as plantas, gramíneas e árvores secarão e deixarão de existir.

Um segundo sol irá evaporar todos os riachos e lagoas. O terceiro sol secará os rios; o quarto, os lagos e o quinto, os oceanos. O sexto sol "assará a Terra assim como uma panela é assada pelo oleiro". Quando o sétimo e último sol aparecer, "a Terra arderá em fogo até tornar-se uma massa chamejante. [...] Tão impermanentes são os fenômenos condicionados, tão instáveis e tão pouco confiáveis".

Não está claro o quão literalmente devemos interpretar essa história, que conclui encorajando os praticantes a não se apegarem a este mundo. A descrição de cada sol termina com a mesma admoestação: "É o suficiente para ficarmos desiludidos com todos os fenômenos condicionados, suficiente para nos tornar impassíveis perante eles, suficiente para sermos libertados deles".

No texto do Anguttara também não está claro se essa destruição é apenas parte de um ciclo *kalpa* maior. Em todo caso, o que impressiona é quão semelhante é esse relato de previsões científicas sobre o eventual destino de nosso planeta. Quando o sol ficar sem hidrogênio em cerca de sete bilhões de anos ou mais, ele se tornará um gigante vermelho que engole Mercúrio, Vênus e provavelmente a Terra. No entanto, muito antes disso, talvez dentro do próximo bilhão de anos, o aumento da radiação do sol vai ferver e depois assar nosso planeta, sem deixar atmosfera nem água, causando temperaturas de centenas de graus na superfície. Vida de nenhum tipo será possível.

Existem diferentes maneiras de responder a esse lembrete sombrio de nosso destino final. Podemos nos recusar a aceitar esse extermínio da humanidade e de todas as outras formas de vida. Muito foi alcançado tecnologicamente ao longo dos últimos cem anos; o que podemos realizar sobre os próximos cem mil? Visionários autofinanciados como Elon Musk já estão planejando estabelecer colônias marcianas... mas como qualquer vida em Marte sobreviveria à morte de nosso Sol? E mesmo que se torne possível colonizar outros sistemas solares, seus sóis também acabarão sofrendo o mesmo destino. O que agora sabemos sobre a natureza do universo implica que, mais cedo ou mais tarde, nossa extinção é inevitável.

Esse destino nos estimula a refletir sobre o que significa esse cenário para nossas formas habituais de pensar e agir orientadas para o futuro. Por que a eventual, mas inevitável, aniquilação da vida humana nos inquieta hoje? Dados os problemas mais imediatos que enfrentamos, um bilhão de anos certamente não parece algo com que se preocupar, mas se toda a vida como conhecemos chegará ao fim mais cedo ou mais tarde, o que isso implica sobre como vivemos agora?

A psicologia evolutiva nos condicionou individualmente a concentrar na passagem de nossos genes para as gerações futuras. Será essa a fonte de nosso desconforto com qualquer pensamento de extinção? No entanto, a ênfase budista na impermanência e na insubstancialidade implica que a história evolutiva não é necessariamente um destino. O que foi condicionado pode ser descondicionado e recondicionado – o que o caminho budista encoraja.

O FIM DA VIDA COMO A CONHECEMOS?

O que você faz quando nada do que fizer pode adiantar?

– SHIN'ICHI HISAMATSU

Os ensinamentos budistas nos lembram de reconhecer o aspecto "Eu não sei" de nosso dilema, em vez de nos tornarmos dogmáticos sobre o que acontecerá no futuro – ou, de fato, sobre o que está realmente acontecendo agora. Existe um mistério fundamental do universo, inclusive nossas próprias vidas, que não compreendemos e talvez não possamos compreender. Mesmo assim não devemos recorrer a esse mistério para descartar ou ignorar as previsões com base cientí-

E SE FOR TARDE DEMAIS?

fica, na crença de que algum deus, buda, bom carma ou despertar nos salvará daquilo que estamos fazendo para o mundo.

Então vamos contemplar o pior cenário que alguns cientistas estão prevendo publicamente ou em particular: de que já é tarde demais para evitar pontos de inflexão (como uma liberação maciça de metano enterrado), que causarão um aumento rápido e catastrófico nas temperaturas da superfície. Vamos supor que esse aumento trará não só o colapso da civilização, mas também a extinção humana em cerca de cem anos. Pense nisso como um experimento mental, se quiser. Como pode o budismo nos ajudar a lidar com esse colapso?

Preparar-se para a própria morte individual sempre foi uma parte importante do caminho budista, mas antecipar a morte de nossa espécie é algo mais do que uma versão coletiva da mesma coisa. "Todos sabemos que vamos morrer, e éramos capazes de aguentar por meio do pensamento de que nossa vida estava contribuindo para algo maior que sobreviveria a nós. Agora até isso nos foi tirado" (Bill McKibben). A maioria de nós deseja deixar o mundo um lugar um pouco melhor, de uma forma ou de outra. Queremos que nossos filhos e netos sejam felizes. Espero que algumas pessoas possam se beneficiar deste livro, mas se nossa espécie se extinguir, não haverá ninguém para lê-lo. Se a humanidade desaparecer, o budismo e todas as outras tradições religiosas também desaparecerão, junto com as composições dos maiores músicos, as pinturas e esculturas dos maiores artistas, os poemas, as peças e os romances dos maiores escritores, as descobertas dos maiores cientistas, e assim por diante. Reserve um momento para refletir sobre isso... Como deveríamos viver hoje, diante dessa possibilidade tão real?

Alguns mestres contemporâneos começaram a abordar esses assuntos, inclusive dois dos melhores: Thich Nhat Hanh e Joanna Macy.

A contribuição de Thich Nhat Hanh para *A Buddhist Response to the Climate Emergency* (Uma resposta budista para a emergência climática) é franca sobre nossa situação. "Somos como sonâmbulos, sem saber o que estamos fazendo ou para onde vamos. [...] Temos de começar a aprender como viver de maneira que um futuro seja possível para nossos filhos e netos". Não apenas para um bom futuro, mas para *qualquer* futuro. Uma entrevista de 2012, publicada na revista online *Ecologist,* reflete mais sobre o possível desaparecimento de nossa espécie. Thich

Nhat Hanh começa mencionando a extinção do Permiano-Triássico, cerca de 252 milhões de anos atrás, e então considera a lição desse fato para nós hoje:

> Agora um segundo aquecimento global está ocorrendo. [...] Se houver um aumento de 6 graus Celsius, outros 95 por cento das espécies morrerão, incluindo a *Homo sapiens*. É por isso que temos que aprender a tocar a eternidade com nossa inspiração e expiração. A extinção das espécies já aconteceu várias vezes. A extinção em massa já aconteceu cinco vezes; esta é a sexta. Segundo a tradição budista, não há nascimento nem morte. Após a extinção, as coisas reaparecerão em outras formas, então você tem de respirar muito profundamente, para reconhecer o fato de que nós humanos podemos desaparecer da Terra em apenas 100 anos.
>
> Você tem de aprender a aceitar esse fato difícil; não deve ser dominado pelo desespero. A solução é aprender a tocar a eternidade no momento presente. Temos falado sobre o meio ambiente como se fosse algo diferente de nós, mas nós somos o meio ambiente. Os elementos não-humanos são nosso ambiente, somos o ambiente de elementos não-humanos; então somos um com o meio ambiente. Somos a Terra, e a Terra tem a capacidade de restaurar o equilíbrio, e às vezes muitas espécies precisam desaparecer para que o equilíbrio seja restaurado. [...] Quando estamos atentos a nosso corpo e ao que está acontecendo a nosso redor, estamos em condição de tocar o milagre da vida que está ocorrendo à nossa volta. Este momento presente está cheio de maravilhas. Se você não sabe como tocar essas maravilhas, não sabe como apreciar a vida – apreciar o que existe.

Aqueles familiarizados com os ensinamentos de Thich Nhat Hanh não ficarão surpresos por ele enfatizar a respiração profunda, a fim de "tocar a eternidade" bem aqui e agora. Quando estamos verdadeiramente neste momento presente, tocamos o milagre da vida. Mas sua discussão sobre extinção em massa, inclusive a nossa, acrescenta algo mais: "De acordo com a tradição budista, não há nascimento nem morte". O que significa esse ensinamento, já mencionado no capítulo 2, à luz da possibilidade de nosso próprio desaparecimento físico?

Em uma entrevista de 2011 com o título cativante *"It Looks Bleak. Big Deal, It Looks Bleak"* (Parece desolador. Grande coisa, parece desolador), Joanna Macy foi questionada sobre sua resposta à sexta extinção, que pode incluir nossa própria espécie, e sobre onde ela obtém os recursos psíquicos para testemunhar isso:

> Sim, parece desolador. Mas você ainda está vivo agora. Você está vivo com todos os outros, neste momento presente. E porque a verdade é fala continuada, ela destrava o coração. [...] Este pode ser o último suspiro de vida na Terra, e que grande suspiro, se percebermos que nos apaixonamos um pelo outro! Se você estiver realmente no momento de vivenciar nossa realidade, não dirá: "Ah, não vou vivenciar isso porque não vai durar para sempre!" Você tem este momento. É verdade por agora. Podemos ter uma preocupação fundamentada sobre o que está por vir, sem necessariamente ficar presos à noção de que algo tem de durar.
>
> *Ecobudismo:* Alguns cientistas do clima consideram que podemos já ter entrado em uma mudança climática descontrolada.
>
> *Joanna:* Suspeito que eles tenham razão. Logicamente estão certos: não temos a chance de uma bola de neve no inferno. Em meu último workshop, na *Mandala da Verdade* que fizemos, as pessoas diziam: "É tarde demais". E então elas saíram e foram levadas presas na frente da Casa Branca, onde estavam acorrentadas à cerca para protestar contra as guerras. Portanto nossa atuação com dedicação apaixonada à vida não parece ser afetada. Eu preferiria viver assim... Com o pouco tempo que sobra, podemos despertar mais. Podemos permitir toda essa experiência do planeta, que é intrinsecamente recompensadora, manifestar-se através de nossas mentes-corações, para que o planeta possa ver a si mesmo, para que a vida possa ver a si mesma. E podemos abençoá-la de algum modo. Portanto, há alguma fonte de bênção em nós, mesmo enquanto morremos.

Eu penso em um monge coreano que disse: "O pôr do sol é bonito também, não apenas o nascer do sol". Podemos fazer isso lindamente. Se vamos sair de cena, podemos fazer isso com alguma nobreza, generosidade e beleza, para não mergulhar em choque e medo.

[...] Acho que há um impulso dentro dos sistemas vivos para se tornarem mais complexos, para despertar – há um movimento evolutivo. Falo a partir do amor e entusiasmo gerados por meu pequeno trabalho, que muitas pessoas estão fazendo comigo. Ele requer sermos capazes de sentir dor; requer lágrimas e raiva. Requer *desintegração positiva*. Toda a nossa cultura precisa de desintegração positiva; precisa morrer para si mesma. Então minha educação cristã é relevante aqui: a Sexta-feira Santa e a Páscoa – a necessidade de morte e renascimento. Nós vamos morrer como cultura, e é melhor fazermos isso conscientemente, para que não o inflijamos a todos os outros.

As duas entrevistas são bastante diferentes porque suas formas de ensino são bastante diferentes, mas Thich Nhat Hanh e Joanna Macy concordam sobre mais do que a gravidade da crise ecológica. Ambos enfatizam que nossa situação sombria fornece o melhor incentivo para despertarmos e realizarmos algo sobre o momento presente, algo muito importante para nossa resposta ao desdobramento da catástrofe. Macy diz que vivenciar verdadeiramente o momento presente, estarmos vivos com os outros, nos permite participar de todo o coração na grande aventura de nosso tempo. Thich Nhat Hanh acrescenta que devemos realizar o que o budismo ensina: que não existe realmente tal coisa como nascimento ou morte.

"Tocar o momento presente" soa enganadoramente simples e fácil. Thich Nhat Hanh atingiu a maioridade durante a guerra do Vietnã, quando sua experiência de sofrimento e morte generalizados o motivou a fundar a Escola para Jovens em Serviços Sociais em Saigon, organização popular de ajuda que reconstruiu vilas bombardeadas, estabeleceu escolas e centros médicos, e reinstalou famílias sem-teto. Mais tarde ele viajou aos Estados Unidos, onde exortou o governo a retirar-se do Vietnã, e em seguida liderou a delegação budista das Negociações de Paz em Paris – em ambos os casos sem sucesso. Após o fim da guerra, o novo governo vietnamita não permitiu que ele voltasse, então ele se tornou um exilado, morando principalmente na França, onde fundou a Plum Village.

Menciono esse pano de fundo para enfatizar que Thich Nhat Hanh é intimamente ciente de outra coisa que em geral é necessária para nossa transformação: a dor.

A dor tem sido um tema central no trabalho de Joanna Macy. Um de seus primeiros livros foi intitulado *Despair and Personal Power in the Nuclear Age* (Desespero e Poder Pessoal na Era Nuclear*),* e por muitos anos ela guiou as pessoas por um processo que originalmente descreveu como um trabalho de "desespero e empoderamento". Esse trabalho fundamenta-se no insight de que o desespero não é apenas uma reação psicológica ao sofrimento individual, mas uma resposta adequada ao que estamos fazendo ao planeta e a nós mesmos. Em uma entrevista online de 1999 com Mary NurrieStearns, Joanna falou sobre a importância de sentirmos completamente o desespero, para permitir sua transformação em ação compassiva:

> Temos de honrar e assumir essa dor pelo mundo, reconhecendo-a como uma resposta natural a um momento sem precedentes na história. Somos parte de uma enorme civilização, intrincada em sua tecnologia e poderosa em suas instituições, que está destruindo a própria base da vida. Quando as pessoas tiveram essa experiência antes em nossa história? [...]
>
> As pessoas temem que, se deixarem o desespero entrar, ficarão paralisadas porque são apenas uma pessoa. Paradoxalmente, permitindo-nos sentir nossa dor pelo mundo, abrimo-nos para a teia da vida e percebemos que não estamos sozinhos. Acho que tentar agir sozinho é um erro fundamental. O mito do indivíduo áspero, cavalgando como o Cavaleiro Solitário para salvar nossa sociedade, é uma receita certa para enlouquecer. A resposta apropriada, e que este trabalho desperta, é desenvolver um senso de solidariedade com os outros e elaborar todo um novo sentido de quais são nossos recursos e qual é o nosso poder.

Para Macy, desespero e dor não são o colapso final de nossa aspiração para o mundo, mas são necessários para aqueles que aspiram seguir o caminho de engajamento espiritual. Seu livro de 2012, *Esperança Ativa: como encarar o caos em que vivemos sem enlouquecer* (Bambual Editora, 2020), integra o desespero em uma espiral transformadora que começa *partindo da gratidão*, o que permite *honrar nossa dor pelo mundo*, seguido por *ver com novos olhos*, e só então *seguir adiante*, para se envolver no que ela chama de A Grande Virada. Começar com a gratidão, lembrar-se de apreciar a bela teia da vida da qual fazemos parte, fornece a base para todo o processo. "Partir da gratidão ajuda a construir um contexto de confiança e entusiasmo psicológico que nos ajuda a enfrentar as realidades difíceis na segunda fase". Em vez de repelir nosso destino, aprendemos a apreciá-lo, como ela proclama na entrevista de 2011: "Que sorte temos de estar vivos agora – e podermos estar à altura desta forma".

Hoje, os insights seminais de Macy tornaram-se amplamente reconhecidos. Charles Eisenstein começa um artigo de 2016, "Grief and Carbon Reductionism" (Pesar e Reducionismo de Carbono), citando o ambientalista Michael Mielke: "Retornamos repetidamente à compreensão de que o movimento climático deve passar pelos vários estágios do pesar para chegar à Aceitação". Eisenstein elabora:

> O pesar é essencial para integrarmos em um nível profundo a realidade da situação que enfrentamos. Caso contrário ela permanece, para a maioria das pessoas, teórica. Afinal, nossa infraestrutura social nos isola muito bem dos efeitos tangíveis da mudança climática (por enquanto). Para a maioria das pessoas, em comparação com o pagamento da hipoteca ou o problema de dependência química de seu adolescente, a mudança climática parece bastante remota e teórica – algo que só está acontecendo no futuro ou no noticiário. Enquanto for esse o caso, elas não tomarão medidas significativas, e isso não mudará por meio de persuasão. [...] Enquanto a dor não for totalmente vivenciada, o normal ainda parece normal. Mesmo quando alguém foi intelectualmente persuadido da realidade e da gravidade da mudança climática, a realidade sentida ainda é: "Não é real" ou "Vai ficar bem." [...]

A atitude do utilitarismo instrumental em relação à natureza – esse é o problema. Estou falando sobre a ideia de que o mundo fora de nós é basicamente uma pilha de recursos cujo valor é definido por sua utilidade. Se isso não mudar, nada vai mudar. E para que isso mude, para que vejamos a natureza e o mundo material como sagrados e valiosos em si mesmos, devemos nos conectar com a parte profunda de nós que sabe disso. Quando fazemos essa conexão e sentimos as feridas do planeta, a dor é inevitável.

Penso que o que Thich Nhat Hanh vivenciou, e que ambos Joanna Macy e Charles Eisenstein também enfatizam, está precisamente certo: o desespero e a tristeza não são obstáculos que interferem em nosso compromisso sincero, mas são parte essencial do caminho do ecodarma. Não é suficiente aceitar a evidência científica (como reunida no capítulo 1 deste livro) ou entender como a linguagem organiza nossas percepções de maneiras problemáticas (conforme explicado no capítulo 3). Precisamos sentir mais profundamente, a fim de sermos transformados mais profundamente – na linguagem Zen, a fim de resolver o grande koan coletivo de nosso tempo, ou seja, como responder às coisas horríficas que estamos fazendo à Terra e a nós mesmos. Isso significa abrir-nos à dor reprimida e ao desespero que tantas vezes nos paralisam, para que assim eles possam se transformar em ação compassiva.

Como a dor faz isso? Quando sentida profundamente, ela pode atravessar nossas maneiras autocentradas habituais de pensar, sentir e agir. A maioria de nossos hábitos são egocêntricos, e os entendimentos conceituais por si só não desafiam nosso estilo de vida confortável, como aponta Eisenstein. O desespero e a dor podem até levar ao "abandono" de nós mesmos, isto é, dissolver o senso construído de separação entre nós e aquilo pelo que estamos sofrendo. Então "minha" dor torna-se a dor da própria Terra, e minha preocupação com seu bem-estar passa a ser baseada em algo mais profundo do que as considerações utilitárias. Como escreve John Seed:

> Quando os humanos investigam e veem através de suas camadas de autoestima antropocêntrica, uma mudança muito profunda na consciência começa a ocorrer. A alienação diminui; o humano não é mais um estranho, à parte. Sua humanidade é então reconhecida como sendo apenas o estágio mais recente de sua existência [...] você começa a entrar em contato consigo mesmo como mamífero, como vertebrado, como uma espécie apenas recentemente emergida da floresta tropical. Conforme a névoa da amnésia se dispersa, há uma transformação em seu relacionamento com outras espécies e no seu compromisso com elas. [...] "Estou protegendo a floresta tropical" transforma-se em "Faço parte da floresta tropical protegendo-me. Sou aquela parte da floresta tropical que recentemente emergiu, começando a pensar".

A visão de Macy e Eisenstein sobre a importância da dor e do desespero também nos dá um insight sobre o problema da negação das mudanças climáticas. A partir dessa perspectiva, a razão subjacente para tal negação não são as "fake news" nem a incapacidade de entender o que está acontecendo. É que muitas pessoas não *querem* entender, por causa do que isso significaria.

Três explicações psicológicas para a negação do clima são comumente oferecidas. A primeira é que não temos informações suficientes ou que há muita desinformação; no entanto, as pessoas muitas vezes rejeitam ou resistem à informação a que estão expostas. Uma segunda explicação é a dissonância cognitiva, no sentido de que podemos acreditar em algo sem que isso afete o que fazemos. Podemos estar genuinamente preocupados com os efeitos das mudanças climáticas no futuro, sem que isso influencie nosso cotidiano agora, como aponta Eisenstein. Embora essas duas explicações psicológicas possam ser fatores, a questão principal é a forma como o bloqueio emocional e a pressão social trabalham juntos para nos encorajar a reprimir o problema. O melhor livro que li sobre mudança climática, *Don't Even Think About It: Why Our Brains Are Wired to Ignore Climate Change* (Não pense nisso: como nosso cérebro está cabeado para ignorar as mudanças climáticas), de George Marshall, explica:

O cerne é que não aceitamos as mudanças climáticas porque desejamos evitar a ansiedade que elas geram e as profundas mudanças que exigem. A esse respeito, não é diferente de nenhuma outra grande ameaça. No entanto, porque elas não carregam nenhum dos marcadores que normalmente levariam nosso cérebro a anular nossos interesses de curto prazo, conspiramos ativamente uns com os outros, e mobilizamos nossos próprios preconceitos para mantê-las perpetuamente no plano de fundo.

Ironicamente, quanto mais perigosa se torna a crise ecológica, mais estamos motivados a negá-la. Isso parece contraintuitivo, mas inundar alguém com fatos, tentando assustá-lo e fazê-lo envolver-se é, em geral, contraproducente. Ernest Becker entendeu como isso funciona: quanto mais somos lembrados de nossa mortalidade, mais fundo investimos emocionalmente em nosso grupo social, mais apaixonadamente defendemos seus valores e visão de mundo, pois eles são "amortecedores culturais para a ansiedade" que proporcionam uma sensação de segurança. É semelhante à afiliação religiosa. Os humanos são animais miméticos: aprendemos o que é real, o que é importante, o que querer e o que fazer, internalizando o sistema de crenças da tribo com a qual nos identificamos. A emoção (medo) e a necessidade de fortalecer-se dentro do grupo subordinam a razão e os fatos. A verdade é uma função do que a tribo acredita; o resto são "fake news". Em outras palavras, nossas atitudes em relação à crise climática não são construções pessoais, mas sociais, devidas em grande parte a pressões para que nos conformemos, as quais tornam difícil fazer perguntas desconfortáveis.

Embora isso seja preocupante, também implica sua própria solução, como aponta George Marshall:

> Também temos uma capacidade virtualmente ilimitada de aceitar coisas que de outra forma podem ser cognitivamente desafiadoras, desde que sejam apoiadas dentro de uma cultura de convicção compartilhada, reforçadas por meio de normas sociais e transmitidas em narrativas que revelam nossos "valores sagrados". [...] As pessoas carregam voluntariamente um fardo, mesmo que isso exija um sacrifício de curto prazo con-

tra ameaças incertas de longo prazo, desde que compartilhem um propósito comum e sejam recompensadas com um maior senso de pertencimento social.

E nossa inclinação para compartilhar esses fardos pode ser muito diferente em alguns anos, conforme os desastres naturais continuarem se acumulando...

SEM MORTE E SEM FIM DA MORTE

A resposta de Thich Nhat Hanh à possibilidade de nossa própria extinção enfatiza "tocar a eternidade com nossa respiração", pois nessa eternidade não há nascimento nem morte. Esse ensinamento básico do budismo, discutido no capítulo 2, torna-se ainda mais importante quando contemplamos não apenas nossa própria mortalidade individual, mas um evento de extinção que pode acabar incluindo nossa própria espécie. Se na verdade não há morte, porém, com o que se preocupar? Sem morte, será que faz sentido falar sobre um evento de extinção? Mas então por que o Sutra do Coração diz que não há "velhice e morte, e *nem fim para velhice e morte*"?

Muitas religiões lidam com nosso medo da morte, postulando uma alma que não perece com o corpo. A negação budista de uma alma ou eu (o ensinamento de *anatta*) não admite esse tipo de imortalidade. Em vez disso, os ensinamentos budistas se concentram em algo que, visto superficialmente, parece não fazer sentido: *o não-nascido*. Você e eu não podemos morrer na medida em que nunca nascemos.

Observe que tais ensinamentos não estão fazendo uma afirmação sobre o que acontece conosco após morrermos fisicamente. Afirmar que nossa verdadeira natureza é não-nascida não é outra maneira de afirmar que nossas mentes são imortais. Em vez disso, realizar o não--nascido revela algo sobre a natureza de nossa experiência, e sobre o eu que supostamente tem tais experiências, bem aqui e agora.

Um importante koan Zen – uma das três barreiras de Tototsu – aponta para o mesmo insight. "Quando você realizar sua verdadeira natureza, poderá libertar-se de vida-e-morte. Como você vai se libertar de vida-e-morte quando seus olhos estiverem caindo no chão [quando você estiver à beira da morte]?" A chave para esse koan é a compreensão de que vida e morte não são eventos que acontecem *a* mim, a alguma consciência auto-existente separada de tais processos. Na medida em que não há nenhum eu que nasce ou morre, não há nada a temer, pois não há nada a ganhar ou perder. A maneira de escapar de nascimento e morte, então, é "esquecer-se de si mesmo" em nascimento e morte, deixar de lado o senso usual de um eu separado que está *vivenciando* o nascer ou morrer e, em vez disso, *tornar-se* completamente o nascer e o morrer. Quando na hora de morrer não há nada além do processo de morrer – nem resistindo a ele nem o abraçando – então *a morte também é "vazia".*

O Sutra do Diamante expressa isso paradoxalmente: quando inumeráveis seres foram conduzidos ao nirvana, na verdade nenhum ser foi levado ao nirvana. A articulação de Dogen não foi superada e talvez seja insuperável:

> Apenas entenda que nascimento-e-morte é em si o nirvana. Não há tal coisa como nascimento-e-morte a ser evitada; e não há tal coisa como nirvana a ser buscado. Só quando realiza isso você está livre de nascimento-e-morte.

Embora esses ensinamentos budistas tradicionais se concentrem em nossa situação individual, também têm implicações em como nos relacionamos coletivamente com a crise ecológica. Não é só que você e eu somos não-nascidos, pois tudo é não-nascido, inclusive todas as espécies que já evoluíram e todos os ecossistemas da biosfera. Dessa perspectiva, nada se perde quando as espécies (inclusive a nossa) se extinguem, e nada se ganha se nossa espécie sobreviver e prosperar.

E, no entanto, essa perspectiva não é a única. Somos lembrados da formulação direta do Sutra do Coração: forma não é mais que vazio; vazio não é mais que forma. Sim, do lado do vazio-shunyata, não há melhor ou pior, *coisa*-alguma a nascer ou morrer. Mas isso não nega o fato de que *vazio é* forma; o que chamamos de vazio – a generatividade ilimitada e em constante transformação que pode se tornar qualquer coisa, segundo as condições – tomou forma como essa teia de vida fabulosa e incrivelmente bela que nos inclui. No entanto, mesmo essa forma de expressá-lo é inadequada por ser ainda dualística, ao descrever generatividade como algo separado das formas que "ela" assume. Não podemos evitar o paradoxo: embora *forma é vazio* signifique que nada realmente morre em um evento de extinção porque não há coisa (separada) para morrer, *vazio é forma* significa que o vazio nada mais é do que este mundo inexprimivelmente magnífico, que é corretamente chamado de sagrado porque deve ser apreciado mais que qualquer coisa.

Existe um koan Zen sobre esse paradoxo de extinção/não-extinção.

O GRANDE INCÊNDIO DO KALPA

Na cosmologia indiana, um *kalpa (kappa* em Pali) é um ciclo completo do mundo, geralmente bilhões de anos, que abrange a criação, deterioração, destruição e recriação do universo. O termo *kappa* é encontrado no Cânone Pali, e o conceito acompanhou o budismo para a China, sendo então incorporado a um koan Chan/Zen.

O caso 30 do *Livro da Serenidade* é o "Incêndio do Kalpa" de Dasui.

> Um monge perguntou a Dasui: "Quando o grande incêndio do kalpa eclodir, todo o universo será destruído. Eu queria saber se *Isto* também será destruído ou não".
>
> Dasui respondeu: "Destruído".
>
> O monge inquiriu: "Se assim for, *Isto* irá embora com o outro [o universo]?"
>
> Dasui redarguiu: "Embora com o outro".
>
> Um monge perguntou a Longji: "Quando o grande incêndio do kalpa eclodir, todo o universo será destruído. Eu queria saber se *Isto* também será destruído ou não".
>
> Longji respondeu: "Não destruído".
>
> O monge inquiriu: "Por que não é destruído?"
>
> Longji retrucou: "Porque é o mesmo que todo o universo."

Esse koan é o único (que eu saiba) sobre a aniquilação de nosso mundo. Isso pode significar os "sete sóis" que o Buda anteviu ou previsões científicas sobre o que acontecerá com a Terra, quando nosso sol se tornar um gigante escarlate. Em todo caso, aplica-se a qualquer evento de extinção que inclui a humanidade entre suas vítimas.

O koan é enigmático de duas maneiras. Dasui e Longji fornecem respostas opostas à mesma pergunta. Quem está certo? Podem ambos estar certos? Ainda mais intrigante é a resposta final de Longji: embora o universo seja destruído, *Isto* não será destruído porque... é o mesmo que o universo!

Para dar sentido a tudo isso, devemos entender a que *Isto* se refere. Meu mestre Zen, Yamada Koun, às vezes se referia ao vazio como nossa "natureza essencial" ou mesmo nosso "verdadeiro eu"; mas independentemente do termo preferido, o ponto importante é que não há referência aqui a nenhum dualismo cosmológico – nenhum nirvana que transcende este mundo, por exemplo. Segundo o comentário de Yamada sobre esse koan, "Podemos imaginar que há algo que é vazio e também há algo que tem forma, e ainda assim os dois são iguais um ao outro. Mas isso não está correto. Em vez disso, visto por um lado, esse "algo" é vazio; mas visto por outro, tem forma".

Portanto é errado pensar que *Isto* existe separado do universo. Ele não é nada além da verdadeira natureza de todas as coisas no universo. Até onde o vazio não é mais que forma, quando o bilhão de mundos do universo perecer no grande incêndio do kalpa, *Ele* também é destruído, pois todas as formas perecem.

De outra perspectiva, no entanto, todas essas formas são vazias. Todas as coisas estão sujeitas à destruição, mas aquilo que não tem forma não pode ser destruído, mesmo quando todo o universo for destruído. Yamada escreve: "Como não é destruído? *Ele é a própria destruição*. Portanto ambas as respostas são verdadeiras".

Ao tentar descrever shunyata, é quase impossível evitar cair no dualismo contra o qual o Sutra do Coração nos adverte. A linguagem me empurra a transformar *nada* em *algo* que eu caracterizo de um jeito ou de outro. Mas a relação entre forma e vazio não pode ser entendida em termos de sujeito e predicado. Assim como o universo não é *algo* que está evoluindo, mas é o próprio processo evolutivo "vazio" em si, então a destruição não é algo que acontece dualisticamente *com* o universo, mas outro processo "vazio". É por isso que a destruição também não é nada mais do que *Isto*.

O caminho espiritual é viver esse paradoxo: é destruído, não é destruído – os dois lados de uma moeda, palma e costas da mesma mão. Dentro desse paradoxo, as perguntas sobre tarde demais ou não perdem sua aguilhoada. Não negamos nem ignoramos a possibilidade de colapso civilizacional ou mesmo da extinção humana. Embora não saibamos o que vai acontecer, não ficamos paralisados por essas possibilidades. No final, tarde demais ou não, não faz diferença para o que somos chamados a fazer neste momento.

O que isso significa para nosso envolvimento com o mundo ameaçado: o que fazemos em resposta à crise ecológica e como o fazemos?

A plena atenção deve ser ativada. Quando houver visão, deve haver atuação. Do contrário, qual é a utilidade de ver?
— THICH NHAT HANH

Porque a relação entre mim e o mundo é recíproca, não é uma questão de primeiro me iluminar ou ser salvo e então agir. Ao trabalharmos para curar a Terra, a Terra nos cura. Não há necessidade de esperar. Ao nos preocuparmos o suficiente para correr riscos, afrouxamos o controle do ego e começamos a voltar para casa, para nossa verdadeira natureza.
— JOANNA MACY

Na prática budista dizemos congratulações porque agora é a hora para a qual temos praticado. Não mais apenas praticar a dança. Agora precisamos dançar. E isso não é um ensaio geral.
— ZENJU EARTHLYN MANUEL

Quando me perguntam se sou pessimista ou otimista sobre o futuro, minha resposta é sempre a mesma: se você olha para a ciência sobre o que está acontecendo na Terra e não fica pessimista, você não entende os dados. Mas se encontra as pessoas que estão trabalhando para restaurar esta Terra e a vida dos pobres e não fica otimista, seu coração não está batendo.
— MARTIN KEOGH

Se quisermos saber o que fazer, precisamos perguntar às pessoas que pagam o preço mais alto pela violência econômica e ecológica que permeia a Terra — e essas são as crianças, as mulheres, as pessoas na maioria global e nos bolsões de pobreza. Elas não precisam de diretrizes; precisam de direitos e de honra.
— PAUL HAWKEN

Ninguém cometeu um erro maior do que aquele que não fez nada porque apenas podia fazer pouco.
— EDMUND BURKE

Dizem que meu trabalho é apenas uma gota no oceano. Eu digo que o oceano é feito de gotas.

— MADRE TERESA

Se você está num barco indo direto para uma grande cachoeira, é inútil tocar música suave.

— MATTHIEU RICARD

Saber que há uma escolha é ter de fazer a escolha.

— URSULA LE GUIN

Quando mais precisamos de compaixão, qual é a maior compaixão que Deus pode nos conceder? Ele nos torna compassivos.

— IBN 'ARABI

Proponho atacar a nós mesmos e aos outros com a compaixão. Recomendo grandes doses de criatividade e coragem. Aconselho fazer algo muito além da corrente cultural da tendência dominante. A essa altura, o que você tem a perder? De fato, o que *nós* temos a perder?

— GUY McPHERSON

PERGUNTA: O que posso fazer como indivíduo?
BILL MCKIBBEN: Pare de ser um indivíduo.

Não temos o direito de perguntar se teremos sucesso. Devemos apenas fazer a coisa certa.

— WENDELL BERRY

Uma amiga minha participou uma vez de uma reunião do Conselho Municipal em sua comunidade e topou com uma mulher que estava repetidamente levantando a questão da proibição dos sacos de plástico. Desanimada, a mulher disse que parecia não conseguir ganhar o respeito da Câmara Municipal. Minha amiga respondeu: "Você não precisa de respeito; precisa de uma amiga. Uma pessoa é um maluco. Duas pessoas são um sinal de alerta. Três pessoas são um movimento."

— LAMA WILLA MILLER

Devemos nos rebelar não como um último ato de desespero, mas como um primeiro ato de criação.

— SAM SMITH

A ação é o antídoto para o desespero.

— EDWARD ABBEY

A base da esperança está nas sombras, nas pessoas que estão inventando o mundo enquanto ninguém olha, não sabendo, elas mesmas, se terão algum efeito — nas pessoas de quem você ainda não ouviu falar.

— REBECCA SOLNIT

Você não é Atlas carregando o mundo nos ombros. É bom lembrar que o planeta está carregando você.

— VANDANA SHIVA

6

O que devemos fazer?

OS ENSINAMENTOS BUDISTAS não nos dizem *o que* fazer em resposta à crise ecológica, mas têm muito a dizer sobre *como* fazê-lo.

Gautama Buda viveu cerca de 2.400 anos atrás, no que hoje é o nordeste da Índia. Ao longo do milênio seguinte, o budismo se espalhou pela maior parte da Ásia, interagindo com as culturas locais e assumindo uma variedade de formas. Nenhum desses budismos era moderno ou global, nem confrontou uma catástrofe ecológica que ameaçasse o colapso civilizacional e talvez até a extinção humana. O Buda disse que o que ele ensinou foi dukkha e como acabar com ele, mas o dukkha causado por uma crise ecológica nunca foi abordado, porque o problema nunca havia surgido.

Isso significa que o maior desafio de todos os tempos da humanidade é também o maior desafio de todos os tempos do budismo. Os capítulos anteriores exploraram como os ensinamentos budistas podem nos ajudar a entender nossa situação hoje, mas, dada a sua história, não é surpreendente que o budismo não possa nos aconselhar sobre o que fazer especificamente a respeito. Na verdade, talvez o maior perigo para o budismo hoje seja a convicção de que as versões pré-modernas do ensinamento e da prática budistas permanecem suficientes, especialmente a crença de que o caminho é buscar nossa própria libertação pessoal dessa bagunça. Felizmente, a ênfase budista na impermanência e na insubstancialidade incentiva uma resposta mais criativa. Nossa preocupação em aplicar os princípios budistas para os tipos coletivos de dukkha que nos desafiam é como permanecemos fiéis à tradição hoje.

Segundo uma "Declaração Colaborativa de Professores do Darma sobre a Mudança Climática", elaborada por trinta professores do Darma em todo o mundo, três tipos de ação são necessários: pessoal, comunal e sistêmico. Pessoalmente, devemos conter nosso consumismo e nos tornar mais frugais no uso de recursos, incluindo energia. Coletivamente, precisamos dialogar com amigos, vizinhos e nossa comunidade mais ampla sobre a gravidade da nossa situação, o que pode levar a ação. Isso é especialmente relevante para organizações budistas. Das Três Joias, parece-me que os budistas ocidentais têm muito de Buda (professores) e de Darma (ensinamentos), mas muitas vezes são deficientes em Sanga (comunidades). Nos centros de Darma ouvimos palestras de professores e talvez nos encontremos face a face brevemente com um deles, mas fora isso o foco tende a ser na meditação em grupo em silêncio, com talvez uma pequena conversa informal durante o chá na saída. Isso não é suficiente para desenvolver o tipo de vínculo comunitário que será ainda mais essencial no futuro. Quando tempos mais difíceis chegarem, o mais importante não será algum alimento que possamos ter armazenado no porão, mas se fazemos parte de uma comunidade amorosa, cujos membros estão preparados para apoiar uns aos outros. O budismo ocidental não se concentrou nisso, pois ainda entendemos o caminho como a busca individual do despertar individual – o que se encaixa bem, é claro, com o individualismo da cultura ocidental moderna, especialmente nos Estados Unidos.

O terceiro tipo de ação que a Declaração Colaborativa demanda é estrutural: devemos trabalhar em busca de alternativas mais sustentáveis para as instituições responsáveis pelas políticas que devastam o planeta.

> Acima de tudo, devemos substituir os sistemas políticos, sociais e econômicos perdulários por novos paradigmas mais propícios à prosperidade humana e harmonia entre a humanidade e a Terra. Para isso não devemos ter medo de nos engajar politicamente, pensando estar assim "contaminando" nossa

prática espiritual. Se alguma mudança vai ocorrer, temos que nos levantar contra os preponderantes interesses dos combustíveis fósseis que se infiltram nos corredores do poder; temos de pressionar nossos representantes eleitos para seguirem o chamado da integridade moral e a trilha da ciência, não o chamado dos CEOs e a trilha do dogma.

Embora os ensinamentos budistas não digam muito sobre o mal em si, os "três venenos" (ou três fogos) da ganância, hostilidade e delusão são às vezes descritos como as três raízes do mal. Quando o que faço é motivado por qualquer um ou todos eles (e os três tendem a reforçar uns aos outros, é claro), minhas ações são prejudiciais e tendem a resultar em sofrimento. Esse é um insight importante sobre como nossas motivações e intenções individuais funcionam, mas tem implicações mais amplas, pois os três venenos também atuam coletivamente. Hoje não só temos tecnologias muito mais potentes do que na época do Buda, temos também instituições mais poderosas, que operam de acordo com sua própria lógica e motivação – na verdade, *elas assumem vida própria*. A ênfase budista na motivação, portanto, fornece uma perspectiva distinta sobre alguns de nossos problemas e estruturas sociais mais importantes. A crise ecológica continua a piorar porque nosso atual sistema econômico institucionaliza a ganância; nosso militarismo institucionaliza a hostilidade; e a mídia corporativa, as delusões políticas e consumistas que sustentam os outros dois.

O desafio é enorme; há muito a fazer. Em que devemos nos concentrar?

Os membros de nosso grupo local de ecodarma em Boulder, Colorado, estão envolvidos em uma variedade de respostas. Quando minha parceira e eu compramos uma casa nova, um membro da sanga nos ajudou a reduzir nossa pegada de carbono, pois ele sabe muito sobre auditorias de energia, painéis solares e carros elétricos. Outro membro, ex-banqueiro, está no conselho do Lobby dos Cidadãos pelo Clima e faz lobby regularmente em Washington por um imposto do carbono. Sou membro da *350.org* e atualmente trabalho para persuadir os curadores de minha *alma mater* para se desfazerem das ações de combustíveis fósseis. Alguns membros do grupo também participaram de uma manifestação em frente a um banco local que estava financiando um oleoduto. Qual dessas ações é uma resposta adequada à crise ecológica?

Eu diria: todas e muitas mais, inclusive algumas talvez desconhecidas agora, mas que se tornarão importantes nos próximos anos. E qual delas é "budista", no sentido de ser compatível com os ensinamentos e práticas budistas? Novamente eu diria: todas e muitas mais. (Veja o apêndice 3, "Caindo na real sobre a mudança climática: etapas simples e práticas".) Em particular, suspeito que a desobediência civil não violenta mais cedo ou mais tarde se tornará importante, talvez necessária – e ela também é consistente com o ensinamento e a prática budistas.

Isso não significa que "vale tudo", de uma perspectiva budista. Nossos fins, por mais nobres que sejam, não justificam nenhum meio, pois o budismo desafia a distinção entre eles. Sua principal contribuição ao nosso compromisso social e ecológico são as diretrizes que as tradições Theravada e Mahayana oferecem. Embora esses princípios sejam geralmente entendidos em termos pessoais, como aplicáveis à prática e ao despertar individuais, a sabedoria que eles corporificam é prontamente aplicável aos tipos coletivos de prática engajada e transformação social necessários hoje. Dentro do Theravada, os cinco preceitos (e a versão engajada de Thich Nhat Hanh) e as quatro "moradas espirituais" *(brahmaviharas)* são da maior relevância. A tradição Mahayana destaca o caminho do bodisatva, incluindo as seis perfeições e, talvez o mais importante de todos, o princípio de agir sem apego aos resultados.

OS PRECEITOS

Os cinco preceitos tradicionais ou "regras de treinamento" do Cânone Pali são abster-se de: matar seres vivos (às vezes entendido como não *prejudicar* seres vivos), tirar o que não é dado, conduta sexual imprópria, fala imprópria e uso de substâncias intoxicantes que embotam a mente (como álcool ou drogas recreativas). É importante entender que esses não são mandamentos do tipo "não farás". Em vez disso, são votos que fazemos não para o Buda ou qualquer outra pessoa, mas para nós mesmos, com a convicção de que *não* viver de acordo com esses princípios é prejudicial para nós mesmos e para os outros, inclusive a biosfera. Thich Nhat Hanh chama-os de "treinamentos de atenção plena"; substituindo o usual "Eu adoto o preceito de me abster de matar seres vivos", e assim por diante, por "Eu me comprometo com o treinamento de me abster...". A ênfase no treinamento evita o perfeccionismo, dando espaço para inevitáveis falhas. Comprometo-me a continuar fazendo o melhor que puder; quando quebro um preceito, não me entrego à autorrecriminação, mas sacudo a poeira e tento novamente. Como de costume no budismo, a motivação sincera é o mais importante.

Hoje é difícil ignorar as implicações sociais e ecológicas desses preceitos. *Não matar seres vivos* é mais amplo do que o mandamento no Decálogo Mosaico contra o assassinato de outro ser humano, pois estão incluídos membros de outras espécies. Tradicionalmente isso significava não ser soldado, açougueiro ou pescador, por exemplo, mas neste tempo de extinção em massa de espécies, isso implica em reduzir nossa participação nos processos que contribuem para prejudicar outros seres vivos. Digo "reduzir" porque, em uma economia mundial tão complicada, é virtualmente impossível evitar algum envolvimento. Óleo de palma, por exemplo, é encontrado em muitos dos produtos que a maioria de nós usa diariamente, e a maior parte vem de enormes monoculturas plantadas após a derrubada de florestas tropicais indígenas, que destrói ecossistemas verdes de vida vegetal e animal. Embora possamos trocar alguns desses produtos por substitutos mais saudáveis, a busca para se tornar completamente livre de qualquer participação em um sistema de exploração econômica é interminável e, em última instância, depauperadora. Há coisas mais importantes em que focar, como o desafio às instituições responsáveis por promover esse desmatamento.

Uma resposta mais simples e direta ao primeiro preceito é reduzir nosso consumo de produtos de origem animal. Segundo o Cânone Pali, o Buda não era vegetariano: os monásticos eram mendicantes, dependentes dos alimentos que lhes eram oferecidos; então ele proibia comer carne apenas se soubessem ou suspeitassem que o animal tinha sido abatido especialmente para eles. Hoje a fabricação intensiva de carne bovina, suína, de frango e, cada vez mais, de peixes também, não envolve apenas um sofrimento incalculável para os próprios animais, mas tem importantes implicações ecológicas. Montanhas de excrementos poluem o abastecimento de água, e os ruminantes liberam quantidades significativas de metano. Muitos milhões de hectares são usados para produzir toda a forragem necessária para os animais, processo ineficiente que afinal nos fornece proteínas, muitas vezes não saudáveis por vários motivos. Tornando-se a pessoa completamente vegetariana ou não, é importante reduzir sua "pegada alimentar".

Não tomar o que não é dado é mais amplo do que nosso entendimento usual de "não roubar". Hoje não é mais aceitável acreditar que a Terra existe apenas para o benefício de uma espécie. Nós a "possuímos" apenas no sentido de que temos o poder de explorá-la. Todo nosso sistema econômico é baseado em tomar o que não nos foi dado, pois a globalização corporativa mercantiliza toda a Terra e todas as suas criações, transformando-as em "recursos naturais" para o benefício humano, principalmente de uma pequena elite global de nossa espécie. A crise ecológica está nos forçando a perceber que a Terra não nos pertence; nós pertencemos à Terra.

Abster-se de conduta sexual imprópria é às vezes definido como "evitar sexo que causa dor ou dano a outros", e hoje podemos ver que isso não inclui apenas o abuso sexual comum (como vem expondo o movimento #MeToo), mas também tem dimensões coletivas importantes, mais obviamente o crescente comércio sexual internacional, que explora mulheres e crianças vulneráveis. Que todos nós temos a mesma natureza-Buda "vazia" implica oposição a todas as formas de discriminação baseadas em gênero, especialmente estruturas sociais patriarcais que mantêm as mulheres em posições subservientes. Ironicamente, esse também é um problema sério para instituições budistas. Todas as culturas budistas asiáticas são patriarcais, e na maioria delas as mulheres não têm permissão para receber a completa ordenação monástica, concedida rotineiramente aos homens – apesar do apoio do próprio Buda, segundo o Cânone Pali.

Abster-se de fala imprópria inclui a renúncia de linguagem áspera e fofoca, mas o maior problema é mentir. Hoje, graças à internet, o engodo na forma de "fake news" tem implicações políticas importantes. No entanto, o logro institucionalizado não é novidade, na medida em que meios corporativos cada vez mais concentrados têm usado sua enorme influência não para informar e educar, mas para manipular em prol

O QUE DEVEMOS FAZER?

de seu verdadeiro propósito: lucros resultantes da publicidade, inclusive o marketing de candidatos políticos. Além disso, nossa atenção é continuamente desviada pelo info-entretenimento e pelos espetáculos fornecidos por esportes e escândalos de celebridades. As funções de nossos sistemas nervosos nacional e internacional – a mídia – estão à venda pelo lance mais alto.

Abster-se de intoxicantes prejudiciais foca tradicionalmente no álcool, embora seja aplicável a muitas outras drogas legais e ilegais. Hoje, entretanto, qual intoxicante turva mais nossas mentes do que o consumismo "nunca-suficiente", manipulado por um sistema econômico obcecado pelo crescimento, que precisa continuar fabricando mercados de bens para cuja produção continua explorando a Terra? Thich Nhat Hanh entende esse preceito como "abster-se do abuso de substâncias produtoras de delusão", que pode incluir televisão, mídia social e telefones celulares, entre outros dispositivos tecnológicos. Além de seus benefícios óbvios, os produtos viciadores, feitos da miniaturização de chips de silício, oferecem mais oportunidades para nos distrair a qualquer hora e em qualquer lugar. Se for doloroso parar e enxergar o que estamos fazendo com a Terra e seus outros habitantes, bem, isso não é mais um problema, pois graças às maravilhas da tecnologia moderna podemos evitar tais momentos. A qualquer instante que fiquemos entediados, sempre há uma música ou podcast para ouvir.

No lugar desses cinco preceitos tradicionais, o livro de Thich Nhat Hanh, *Interbeing* (Interser), oferece quatorze preceitos especificamente destinados ao budismo engajado. Eles enfatizam:

. Não ser atado a nenhuma doutrina, mesmo as budistas – o que acarreta abertura a pontos de vista de outrem e a não imposição a outrem de seus próprios pontos de vista;

. Não fechar os olhos ao sofrimento do mundo, mas encontrar maneiras de estar com quem sofre;

. Não buscar fama, riqueza ou prazer sensual, mas compartilhar recursos com outras pessoas que precisam deles;

. Abandonar a raiva e o ódio quando surgirem;

. Praticar a respiração atenta para evitar a dispersão e retornar ao que está acontecendo no momento presente;

. Evitar palavras que não sejam verdadeiras ou que causem discórdia;

. Tomar uma posição clara contra a opressão e a injustiça, sem se envolver em política partidária ou lutas ideológicas;

. Não matar nem deixar outros matarem; evitar qualquer vocação que envolva prejudicar os humanos ou o mundo natural;

. Respeitar a propriedade dos outros e impedir que outros lucrem com o sofrimento de humanos ou de outras espécies;

. Tratar o corpo e suas energias vitais com respeito, o que inclui evitar a expressão sexual sem amor e compromisso.

Os "preceitos engajados" de Thich Nhat Hanh, como os cinco preceitos originais, dizem-nos basicamente "não faça isso!" Todos eles se concentram no que pode ser chamado de *armadilhas cármicas* a serem evitadas, o que nos permite engajar com questões ecológicas de forma mais sincera e eficaz. Os ensinamentos budistas enfatizam que comecemos com nossa própria transformação, para evitar projetar nossos próprios problemas de ego no mundo. Sugeri acima que seguir o "preceito social" de *não tomar o que não é dado* envolve desafiar um sistema econômico que mercantiliza os ecossistemas da Terra, transformando-os em recursos. Mas também implica, em primeiro lugar, desafiar a versão individualizada em nossas próprias mentes e vidas, ou seja, aprender a caminhar com leveza sobre Terra e proteger seus seres vivos. A simplicidade voluntária, optar por reduzir nosso consumo, não será por si só suficiente para reformar a ordem econômica. Mas simplificar pessoalmente nossas vidas dessa forma é socialmente poderoso, por causa do tempo e energia que libera, e também porque o exemplo de um estilo de vida alternativo pode ser significativo, especialmente se esse estilo de vida puder demonstrar a redução, em vez de agravamento, do dukkha pessoal.

De forma semelhante, seguimos inicialmente o preceito social de *evitar intoxicantes prejudiciais*, não permitindo que nossos próprios sistemas nervosos permaneçam viciados nos canais de comunicação que mantêm o transe coletivo do consumismo – hoje um importante componente da "realidade social" aceita. Em vez disso, aceitamos a responsabilidade de liberar nossa própria atenção e esclarecer nossa própria consciência, o que usualmente requer algum tipo de prática de meditação. Uma vez fundamentados nisso, podemos trabalhar juntos de forma mais eficaz para desafiar os intoxicantes divulgados pela mídia.

Nenhum desses preceitos é exclusivamente budista, é claro. Muitas pessoas que sabem pouco ou nada sobre o budismo se esforçam para viver de acordo com a maioria ou todos eles. Mahatma Gandhi e Martin Luther King Jr. são exemplos óbvios e inspiradores. Isso sugere que a questão básica aqui não são princípios que sejam distintamente budistas, mas uma forma de viver que muitos outros ensinamentos espirituais também promovem. Quer a pessoa se identifique ou não como budista, tentar incorporar esses preceitos incentiva uma transformação semelhante: a pessoa torna-se menos autocentrada e mais engajada, conforme diminui a sensação de separação entre o próprio bem-estar e o do mundo.

AS MORADAS DIVINAS

Além dos cinco preceitos que todos os budistas são encorajados a seguir, o Buda recomendou as quatro brahmaviharas ou "moradas divinas", também conhecidas como os quatro estados sublimes: *metta* é geralmente traduzida como bondade amorosa, *karuna* é compaixão pelo sofrimento de outros, *mudita* é a alegria empática que compartilha da felicidade de outros, e *upekkha* é a equanimidade imperturbável. Elas são moradas divinas porque, nas palavras de Joanna Macy, "levam você ao coração da realidade. Então, para todos os efeitos e propósitos, você está no céu. Você pratica essa bondade amorosa; olha para todos com os olhos de compaixão, alegria e equanimidade, e não há outro lugar para ir. Você está em casa".

Enquanto os preceitos são ações negativas a serem evitadas, as moradas divinas são traços positivos de caráter a serem desenvolvidos. Mais uma vez, embora seu foco tradicional esteja na transformação individual, elas também têm consequências importantes para o engajamento social e ecológico. Tomados em conjunto, todos esses "faça" e "não faça" fornecem uma base estável e poderosa para os tipos de ativismo espiritual necessários hoje.

O termo Pali *metta* deriva de raízes sânscritas que originalmente significavam amigável, afetuoso, benevolente, de boa vontade. Em lugar da tradução comum "bondade amorosa", prefiro algo como "simpatia básica" ou "boa vontade", que mais bem descreve a predisposição ou atitude basilar com a qual uma pessoa encontra as outras. Isso já tem implicações importantes para o ativismo. Em vez de abordar aqueles que resistem a nós (pessoas boas) como inimigos (pessoas más) a serem derrotados, entramos em situações abertos a possibilidades que não são eliminadas por tal rotulagem dualística.

Karuna (compaixão) é uma das virtudes mais importantes em todas as tradições budistas, comparável apenas a *prajna* – a "sabedoria superior" que é iluminação. "Com-paixão", literalmente "sofrer com" (como na "paixão" de Cristo), é o traço essencial a ser desenvolvido em nossa prática e expresso em nossas vidas. Não somos indiferentes ao que os outros estão sentindo, pois não nos sentimos separados deles. Mais uma vez, por dukkha ter sido tradicionalmente entendido em termos individuais – como consequência do carma e da condição mental da própria pessoa –, a ênfase geralmente tem sido na assistência pessoal. O desafio do budismo hoje é conectar a compaixão com as causas estruturais do dukkha social e ecológico.

Mudita é a felicidade que sentimos ao compartilhar o bem-estar de outrem. Em vez do "sofrer com" da compaixão, "desfrutamos com", como uma mãe deliciando-se com a alegria de seu filho. Esse traço complementa *karuna,* que pode sobrecarregar nossa capacidade de empatia. A grande quantidade de sofrimento no mundo não significa que não devemos ser alegres. Na verdade, se nossa relação com o mundo não for também uma fonte de felicidade, nossa capacidade de lidar com esse sofrimento irá, ela mesma, sofrer. Entre outras coisas, passar um tempo no mundo natural, comungando com seus outros habitantes e apreciando sua serenidade e beleza, pode nos motivar e capacitar ao trabalho por seu bem-estar.

Upekkha, equanimidade ou "serenidade", significa literalmente "passar o olhar", ver sem ser capturado pelo que é visto. Mais amplamente, é a capacidade de não ser perturbado pelo que nos acontece, à medida que vivenciamos as oito vicissitudes da vida: ganho e perda, elogio e culpa, prazer e dor, fama e descrédito. De acordo com Gil Fronsdal, a equanimidade "é a base da sabedoria e da liberdade, e a protetora da compaixão e do amor. Embora alguns possam pensar em equanimidade como neutralidade seca ou indiferença fria, a equanimidade madura produz um brilho e um calor de ser. O Buda descreveu uma mente repleta de equanimidade como 'abundante, elevada, incomensurável, sem hostilidade e sem má vontade'." Nyanaponika Thera explana sobre a relação da equanimidade com as outras três brahmaviharas:

> Pode-se dizer que a equanimidade é a coroa e a culminação dos outros três estados sublimes. Os três primeiros, se desconectados de equanimidade e discernimento, podem diminuir devido à falta de um fator estabilizador. [...] É o caráter firme e equilibrado de uma pessoa que tece virtudes isoladas em um todo orgânico e harmonioso, dentro do qual as qualidades individuais exibem suas melhores manifestações e evitam as armadilhas de suas respectivas fraquezas. E essa é a verdadeira função da equanimidade, a forma como contribui para um relacionamento ideal entre todos os quatro estados sublimes.

Sem equanimidade é difícil evitar o "esgotamento" – ficar tão frustrado e zangado que se desiste em desespero. Repare, entretanto, como Nyanaponika a conecta com o discernimento. A equanimidade não é simplesmente um traço de caráter que a meditação desenvolve; ela se torna enraizada em uma compreensão sobre a natureza da própria mente. Em outras palavras, é característica do despertar. Em termos Mahayana, é um aspecto de shunyata: na medida em que minha verdadeira natureza é "vazia" de qualquer forma fixa, em última análise não há nada a ser perturbado. Isso tem implicações importantes para o caminho do bodisatva, como veremos.

Antes de abordar isso, no entanto, há outra morada divina que, creio, merece ser adicionada às quatro brahmaviharas tradicionais. Talvez já esteja implícita nas outras, mas se assim for, merece mais reconhecimento, pois "a gratidão não é apenas a maior das virtudes, mas a mãe de todas as outras" (Cícero).

A gratidão, como um traço de caráter essencial, traz-nos de volta à espiral no anteriormente mencionado "Work That Reconnects" (Trabalho que Reconecta) de Joanna Macy, que começa com *partir da gratidão,* permitindo-nos *honrar nossa dor pelo mundo,* e então *ver com novos olhos* e *seguir em frente.* A gratidão, declara Joanna, "favorece a construção de um contexto de confiança e alegria psicológica que nos ajuda a enfrentar realidades difíceis na segunda fase". Para Macy, nossa gratidão pela Terra e para a Terra não é esmagada quando a compaixão sente a dor da Terra; ela continua sendo a base de todo o processo de empoderamento.

Segundo o Dalai Lama, "As raízes de toda a bondade estão na apreciação da gratidão" – mas em meu caso, demorei muito a apreciar a importância dessa apreciação. Claro que é bom ser grato, mas para que enfatizar algo tão óbvio? Com o tempo, percebi algo que não era óbvio, ao menos para mim: a gratidão não é apenas algo que você sente ou não, mas é uma *prática* transformadora. "O dia em que adquiri o hábito de pronunciar conscientemente a palavra 'obrigado', senti que tinha ganhado posse de uma varinha mágica capaz de transformar tudo" (Omraam Mikhael Aivanhov). Principalmente a si mesmo.

No Metta Sutta, o Buda recomenda a prática de metta. Em uma versão popular, o praticante irradia metta (o desejo "que todos os seres possam estar seguros e felizes") em todas as direções, começando por si mesmo – "que eu possa estar seguro e feliz" – e depois estendendo o foco para incluir família e amigos, seguidos por conhecidos, depois pessoas de que não gosta e, finalmente, todos os seres do universo. Como os mestres budistas gostam de apontar, quem mais se beneficia com essa prática é quem a pratica, pois ela purifica nossas motivações e, portanto, nossas maneiras de nos relacionar com outras pessoas.

Algo semelhante acontece com a prática da gratidão. Como expressa Sarah Ban Breathnach: "A gratidão confere reverência, permitindo-nos encontrar epifanias cotidianas, aqueles momentos transcendentes de admiração que mudam para sempre a forma como experimentamos a vida (é abundante ou deficiente?) e o mundo (é amigável ou é hostil?)". Há dois aspectos da gratidão: apreciação de algo e agradecimento dirigido à sua fonte ou causa. Ao refletirmos habitualmente sobre todas as coisas pelas quais podemos ser gratos, os dois aspectos se fundem e se tornam uma faceta de nosso caráter. Segundo James Baraz, que dá cursos de Darma sobre *Despertar a alegria,* estudos psicológicos demonstram que pessoas depressivas melhoram quando à noite escrevem dez coisas que aconteceram durante o dia pelas quais são gratas.

Em tais exercícios, os meios e os fins, a prática e seus frutos, tornam-se a mesma coisa.

Essa prática é ainda mais importante porque vivemos em uma cultura que não nos encoraja a ser gratos. De fato, somos encorajados a não ser gratos: o consumismo envolve insatisfação pois, se as pessoas estão felizes com o que têm, ficam menos preocupadas em obter mais. Mas (para repetir) por que mais e mais é sempre melhor, se nunca é suficiente? "Se um sujeito não é grato pelo que tem, provavelmente não ficará grato pelo que vai obter" (Frank A. Clark).

Nossa palavra *gratidão* deriva do latim *gratis,* que significa "pelos agradecimentos", no sentido de "por nada em troca, sem recompensa". Ainda usamos o termo *grátis,* que significa algo "de graça". Na medida em que somos gratos, participamos de uma economia de oferenda, em vez de uma economia de câmbio (onde pagamos pelo que recebemos). A troca enfatiza nossa separação: concluída a transação, seguimos nosso próprio caminho. A gratidão reforça nossa conexão: a apreciação nos une.

Prezo muito a maneira como Meister Eckhart disse: "Se a única oração que você disser em sua vida for *obrigado,* isso será suficiente".

O CAMINHO DO BODISATVA

O Budismo Mahayana desenvolveu uma nova concepção da prática budista: o caminho do bodisatva. No Cânone Pali, o termo *bodisatva* refere-se às vidas anteriores de Gautama antes de se tornar o Buda. De acordo com um relato sectário comum, havia uma conspícua diferença entre sua realização e a de seus seguidores – os *arahants* [arhats] que despertaram seguindo seus ensinamentos. Um arahant (literalmente, "aquele que é digno") alcançou o mesmo nibbana que o Buda; ainda assim o Buda era especial porque se devotou integral e sinceramente a ajudar todos a despertar. Isso levou ao desenvolvimento de um paradigma mais altruísta da vida espiritual, que destaca a compaixão e que supostamente demonstra a superioridade da tradição Mahayana, literalmente "Veículo Maior", sobre a Theravada, pejorativamente chamada de Hinayana, "Veículo Menor".

Tem sido difícil para os estudiosos determinar o quanto de verdade histórica existe nesse retrato, mas em todo caso é importante distinguir o conceito de bodisatva de reivindicações doutrinárias autocentradas. O caminho do bodisatva é cada vez mais entendido por budistas contemporâneos de forma não sectária, como um arquétipo inspirador que incorpora uma nova visão da possibilidade humana – em particular, como alternativa ao individualismo desenfreado e egocêntrico, inclusive qualquer abordagem da prática budista que se preocupe apenas com o despertar pessoal. Entendido de modo mais engajado social e ecologicamente, pronto para lidar com as causas coletivas e institucionais de dukkha, o bodisatva é precisamente o paradigma espiritual de que necessitamos hoje.

Doutrinariamente, um bodisatva é um Buda em treinamento que segue o exemplo do Buda Gautama – mas com uma variação. De acordo com o Sutra Lankavatara, um bodisatva "fez o grande voto: 'Não entrarei no nirvana final antes que todos os seres tenham sido libertados'. Ele [ou ela] não realiza a maior liberação para si mesmo, pois não pode abandonar outros seres a seu destino, declarando: 'Devo levar todos os seres à libertação. Ficarei aqui até o fim, mesmo por uma única alma'."

Essa determinação pressupõe que o "nirvana final" envolve a extinção total sem nenhum renascimento, como supostamente aconteceu com Gautama em seu parinibbana. Mas existe outra maneira de entender o objetivo final: *apratishita-nirvana,* um "nirvana não duradouro" (ou "nirvana sem morada") que nem abandona o samsara nem busca o nirvana. Em vez de se sentir preso em um ou tentar extinguir a si mesmo no outro, a ênfase está na consciência de não-preensão, que é livre de todas as formas de apego.

Mas um voto de ajudar todos os seres não é um apego?

Não se a compaixão for uma manifestação de algo mais profundo do que o senso egoico do eu. Tais bodisatvas – ou serão budas? – não

O QUE DEVEMOS FAZER?

distinguem entre samsara e nirvana, pois equanimidade espiritual não significa indiferença ao que está acontecendo neste mundo. Na verdade, essa equanimidade pode ser especialmente fortalecedora, como veremos.

Como escreve Joanna Macy:

> Em todas as tradições, a jornada espiritual parece ser apresentada de dois modos. Um é como uma jornada para fora deste mundo de sofrimento, confuso, quebrado e imperfeito, para um reino sagrado de eterna luz. Ao mesmo tempo, dentro da mesma tradição, a jornada espiritual é também vivenciada e expressa como ir direto para o coração do mundo – para este mundo de sofrimento, dor e imperfeição – para descobrir o sagrado. [...] Esse tipo de liberação não nos tira do mundo, mas conduz direto a ele! É uma liberação na ação.

Esse tipo de liberação também é consistente com a compreensão do Budismo apresentada anteriormente neste livro: o caminho não é transcender este mundo, mas realizar sua verdadeira natureza, isto é, transcender nossas delusões sobre ele, especialmente a delusão de um eu separado que está no mundo, mas não é dele.

Segundo o Budismo Mahayana, existem dois tipos muito diferentes de bodisatvas. Bodisatvas celestiais são popularmente considerados seres sobre-humanos, a quem se pode pedir ajuda. Podem também ser entendidos como arquétipos que exemplificam virtudes particulares. Dos quatro principais bodisatvas do leste asiático, por exemplo, Avalokiteshvara (Guanyin na China, Kannon no Japão) é a personificação principal da compaixão; Manjushri personifica a sabedoria iluminada; Samantabhadra representa a atividade criativa; e Kshitigarbha simboliza o destemor. Podemos nos relacionar com essas figuras como seres divinos, disponíveis para nos ajudar quando clamamos por eles, ou como evocações de nossas próprias capacidades.

Isso nos traz ao outro tipo de bodisatva: você e eu, em potencial. De acordo com a formulação clássica, tornamo-nos bodisatvas – e o significado de nossas vidas é radicalmente transformado – quando uma aspiração particular surge espontaneamente de algum lugar profundo de nós, de um lugar além do interesse próprio, por estar além de nosso senso usual de eu.

O termo budista para essa aspiração é bodhicitta – "mente do despertar" ou "mente da iluminação". Isso pode significar a mente que está desperta, a mente que deseja despertar ou a mente que deseja promover o despertar de todos – ou todas as três, o que é melhor. Bodhicitta é um desejo ou impulso que surge naturalmente, motivado por profunda compaixão, de despertar não apenas para o próprio bem, mas para o benefício de todos os seres sencientes. Segundo o Dalai Lama:

> Devemos tê-la [a compaixão] do fundo de nosso coração, como se ali estivesse pregada. Essa compaixão não é apenas preocupação com alguns seres sencientes, como amigos e parentes, mas estende-se até os limites do cosmos, em todas as direções e para todos os seres em todo o espaço.

O aparecimento de bodhicitta coloca um bodisatva no caminho da iluminação plena, mas parece-me que, se o desejo que surge é verdadeiramente espontâneo – se surge sem o ego – então já é um estágio de iluminação. Talvez seja até o estágio mais importante da iluminação, pois todos os outros tendem a se desdobrar naturalmente, se essa motivação original for posta em prática e integrada à vida da pessoa.

De acordo com as descrições tradicionais do caminho do bodisatva, após o surgimento de bodhicitta, a pessoa se concentra no desenvolvimento das seis *paramitas* ("as perfeições mais elevadas"), atitudes que são cultivadas e ações que são realizadas de forma não egoica.

Da primeira paramita, *dana* – literalmente, "dar" ou "generosidade", diz-se às vezes que contém todas as outras cinco. Está relacionada à gratidão, sendo uma forma pela qual a gratidão é com frequência expressa. Compreendida de forma mais ampla, envolve bondade de coração aberto para com os outros, gratuitamente, sem expectativa ou desejo de nenhum retorno ou recompensa. Do ponto de vista mais elevado, o que eu tenho não é meu porque não há eu para possuí-lo.

Sila, que pode ser traduzida como "virtude"; "conduta correta" ou "disciplina", incorpora os preceitos éticos do budismo antigo, discutidos anteriormente. A ênfase não está na obediência ou obrigação, mas no desenvolvimento do autodomínio e de maior consciência dos efeitos das próprias ações.

Kshanti, "paciência", significa uma resistência que nunca se ofende ou evita uma situação desconfortável. O Dhammapada descreve isso como a "austeridade mais importante". Em um dos textos antigos, o Buda exorta seus seguidores a não se tornarem odiosos nem falar com raiva, mesmo que seus membros estejam sendo serrados por bandidos.

Virya é traduzido de várias maneiras como "energia", "entusiasmo" ou "esforço sustentado". Envolve extrema perseverança ou diligência: não desistir nunca, a fim de realizar o que é saudável e evitar o que é prejudicial. Dadas as dificuldades e frustrações do ativismo ecológico, kshanti e virya se destacam como virtudes especialmente importantes a serem desenvolvidas.

Dhyana, "meditação", refere-se ao cultivo da concentração mental ou das práticas contemplativas, que normalmente são importantes para o despertar.

Prajna, literalmente, "conhecimento superior", é a sabedoria que acompanha o despertar. De acordo com o Mahayana, inclui a realização de que tudo é shunya, "vazio" de um eu, inclusive a própria pessoa.

Ser vazio de meu próprio eu é realizar que não estou separado de você, caso em que meu bem-estar não é separado do seu e vice versa. Como diz Shantideva em seu *Guia do Estilo de Vida do Bodisatva*:

> Aqueles que desejam rapidamente ser
> Um refúgio para si mesmos e para os outros,
> Devem fazer a troca entre "eu" e "outro"
> E assim abraçar um mistério sagrado.
>
> Toda alegria que o mundo contém
> Veio por ansiar a felicidade dos outros;
> Toda a miséria que o mundo contém
> Veio por querer prazer para si mesmo.
>
> Que eu seja o médico e o remédio
> E que eu seja enfermeiro
> Para todos os seres doentes do mundo
> Até que todos estejam curados.

Mas e se for o próprio mundo – a Terra – que está em extremo infortúnio? Como trazemos todos os seres doentes de volta à saúde se a doença se tornou uma epidemia? Nesse caso, precisamos fazer mais do que tratar os sintomas. Temos de identificar e abordar as causas raízes.

Os preceitos, as moradas divinas e as seis paramitas envolvem o desenvolvimento de traços de caráter que têm sido entendidos tradicionalmente em termos individuais, para fomentar minha própria determinação espiritual e para me ajudar a promover o desenvolvimento de outros – o que promove meu próprio desenvolvimento espiritual. Para o bodisatva, ajudar os outros em seu caminho acaba sendo uma parte importante de seu próprio amadurecimento espiritual.

Hoje, no entanto, as questões de justiça social e a crise ecológica estão instigando uma reconsideração do ideal do bodisatva. O foco tradicional budista no despertar e na compaixão individuais era lógico, por ser consistente com o foco tradicional no dukkha individual – no sofrimento devido ao meu próprio carma e às formas como minha própria mente funciona. Mas e se o sofrimento de alguém nem sempre é devido ao que fez ou está fazendo agora? E as enormes quantidades de dukkha coletivo, causado por instituições e outras estruturas sociais? Como podem as concepções convencionais do caminho do bodisatva ser adaptadas, de forma a tornar os ensinamentos budistas mais relevantes para esses desafios?

O CAMINHO DO ECOSATVA

Os ensinamentos budistas implicam que um caminho de bodisatva ampliado e mais socialmente engajado terá algumas características distintas. Para começar, a ênfase budista na interdependência ("estamos todos juntos nisso") e delusão (em vez de o bem contra o mal) implica não apenas não-violência (a violência geralmente é autodestrutiva), mas uma política motivada por amor e compaixão (mais não-dual), em vez de raiva (que dualiza entre nós e eles). De uma perspectiva budista, o problema básico não são pessoas "más", ricas e poderosas, mas estruturas institucionalizadas de ganância, agressão e delusão coletivas que precisam ser transformadas. O pragmatismo e não-dogmatismo do Buda (seus ensinamentos são uma jangada para nos ajudar a cruzar o

O QUE DEVEMOS FAZER?

rio do samsara, e não dogmas para "carregar nas costas") podem ajudar a romper as brigas ideológicas que enfraqueceram tantos movimentos progressistas. E a ênfase Mahayana em *upaya-kausalya* ("habilidade dos meios", às vezes considerada uma sétima paramita) – a capacidade de se adaptar e responder com sucesso a novas situações – põe em primeiro plano a importância da imaginação criativa, atributo necessário se quisermos co-construir uma forma mais sustentável de convivência neste planeta.

Reconhecer a importância do engajamento social é um grande passo para muitos budistas, que geralmente foram ensinados a se concentrar em sua própria paz de espírito. Por outro lado, aqueles comprometidos com ações sociais tendem a sofrer de frustração, raiva, depressão, fadiga e esgotamento. O caminho do bodisatva engajado fornece o que cada um precisa, pois envolve uma prática dupla, interna e externa, na qual os dois lados não apenas se equilibram, mas se reforçam mutuamente. Embora profundamente engajados, os bodisatvas também permanecem comprometidos com sua prática pessoal, que normalmente inclui alguma forma de meditação regular. A meditação cultiva não apenas a equanimidade, mas também o insight que a sustenta: consciência daquela dimensão "vazia", onde não há melhor nem pior, nada para ganhar ou perder. Essa perspectiva é sobretudo importante em tempos especialmente difíceis, quando a pessoa é sobrepujada pela magnitude da tarefa. A tentação, para os praticantes budistas, é o apego a essa dimensão (muitas vezes descrito como "agarrar-se ao vazio") e, portanto, tornar-se indiferentes ao que está acontecendo no mundo. O problema, para os ativistas, está do outro lado: sem a serenidade cultivada pela meditação, eles carecem geralmente de um solo imperturbável ou de uma base estável para o trabalho de sua vida, o que tende a enfraquecer aquilo com que são capazes de contribuir.

Combinar as duas práticas permite um envolvimento intenso de comportamento direcionado a um objetivo, com menos exaustão e esgotamento. Tal ativismo também ajuda os meditadores a evitar a preocupação com sua própria condição mental e seu progresso em direção à iluminação. Na medida em que um sentido do eu separado é o problema basilar, o compromisso compassivo com o bem-estar dos outros é uma parte importante da solução. O engajamento com os problemas do mundo, portanto, não deve ser entendido como uma distração de nossa prática espiritual pessoal, mas como essencial à nossa própria transformação. "As pessoas estão sempre falando sobre prática, prática. O que eu quero saber é: quando é a apresentação?" (Robert Thurman). Acontece que a apresentação – o ativismo – é uma parte essencial da prática.

Cultivar insight e equanimidade apoia o que é mais notável e poderoso no ativismo espiritual: o bodisatva *age sem apego aos resultados da ação*. O aforismo 28 do treinamento tibetano de *lojong* oferece uma formulação clássica: "Abandone toda esperança de fruição. Não se prenda a como você será no futuro; permaneça no momento presente".

Refiro-me a "ativismo espiritual" em vez de ativismo budista porque esse princípio também é um aspecto essencial do *karma yoga* no Bhagavad Gita – o mais importante texto hinduísta: "Seu direito é ao trabalho, nunca aos frutos. Não seja motivado pelos frutos da ação, nem inclinado a desistir da ação" (2:47).

No entanto, agir sem apego é facilmente mal compreendido, sugerindo uma atitude casual. "Sim, nossa empresa de energia local precisa mudar do carvão às energias renováveis. Nós nos organizamos e protestamos por um tempo, mas houve muita resistência; simplesmente não funcionou. Mas está tudo bem, pois o que importa são as intenções por trás de nossas ações, não os resultados". Essa abordagem nunca trará as mudanças necessárias, pois não compreende o que desapego realmente significa.

Para começar, considere a diferença entre uma maratona e uma corrida de 100 metros. Quando você faz uma corrida de 100 metros, a única coisa que importa é correr para a meta o mais rápido possível. Você não tem tempo para pensar em nenhuma outra coisa. Mas não pode correr uma maratona assim, pois logo estará exaurido. Em vez disso, você segue o curso sem se fixar na linha de chegada, lá longe. Se correr na direção certa, acabará por chegar lá, mas no meio tempo precisa concentrar-se em estar aqui e agora, apenas este passo, apenas este passo... Há um termo japonês para isso: *tada*, "apenas isto!"

Amigos no Darma que correm maratonas me dizem que essa atitude pode levar a uma "curtição do corredor", quando o correr não requer mais esforço. Isso é uma amostra do que os taoístas chamam de *wei wu wei* – literalmente, "a ação de não-ação". Quando o (sentido de) eu se funde temporariamente ou *se torna um* com o que o corpo físico está fazendo, nosso senso usual de esforço dualista desaparece: a mente não está mais comandando nem empurrando o corpo.

Esse tipo de não-ação não significa não fazer nada. O corredor não desiste e se senta ao lado da estrada, na crença de que não há realmente necessidade de ir a lugar algum. Em vez disso, o correr é uma espécie de "não correr", visto que não se rejeita o momento presente em favor de um objetivo que será alcançado em algum momento do futuro. Contudo, a pessoa está se aproximando da meta porque está fazendo o que é necessário agora: *apenas isto!*

Esse é um aspecto do desapego aos resultados da ação, mas há mais coisas envolvidas. Embora uma maratona seja uma corrida longa, mais cedo ou mais tarde a pessoa chega ao fim e para. Que tal um caminho sem fim, com uma tarefa tão dura que é difícil não desanimar?

Nos templos Zen japoneses, os praticantes recitam diariamente os quatro "votos de bodisatva". O primeiro é ajudar todos os seres vivos a despertar: "Seres sencientes são inumeráveis; faço o voto de libertá-los". Se realmente entendermos o que esse compromisso envolve, como podemos evitar nos sentir sobrecarregados? Estamos jurando realizar algo que não pode ser realizado. Isso é loucura – ou o quê?

Que o voto não possa ser cumprido não é o problema, mas o próprio cerne. Já que não pode ser alcançado, o que o voto realmente exige é a reorientação do significado da nossa vida, de nossa usual preocupação conosco mesmos para uma preocupação principal com o bem-estar de todos. A nível do dia a dia, o que se torna importante não é a meta inatingível, mas a direção dos próprios esforços – uma direção que, nesse caso, nos orienta sem fornecer nenhum ponto de chegada. O que isso implica sobre como respondemos à crise ecológica? Alguém que já se ofereceu para um trabalho que é literalmente impossível não será intimidado por desafios que, às vezes, parecem sem esperança!

Não importa quão crucial seja a tarefa de trabalhar com outros para tentar salvar a civilização global da autodestruição, ela é, no entanto, um pequeno subconjunto do que o bodisatva se comprometeu a fazer. Não importa o que aconteça, não ficamos desencorajados – bem, não por muito tempo pelo menos. Podemos precisar de algumas respirações conscientes primeiro, mas depois sacudimos a poeira e seguimos em frente. Isso porque esse voto vai além de qualquer apego a alguma realização particular – ou derrota. Quando nossos esforços forem bem-sucedidos, é hora de passar para a próxima coisa; quando não forem, continuamos tentando, indefinidamente. Ao realizarmos nossa não-dualidade com outras pessoas e com este magnífico planeta que cuida de todos nós, não queremos fazer mais nada. Torna-se nossa paixão e nossa alegria.

Mas isso não é tudo. Conforme discutido no capítulo anterior, existe a possibilidade muito real de que nossos esforços não trarão as mudanças que buscamos. No âmbito privado, um número crescente de cientistas está se tornando pessimista: podemos estar próximos dos pontos de inflexão ou já os ultrapassamos. É difícil prever o que vai acontecer, mas não parece bom. Nós simplesmente não sabemos.

"Nós simplesmente não sabemos." Hmmm... isso soa familiar? Não é isso que nossas práticas contemplativas cultivam: "mente do não saber"? É o primeiro princípio do Zen Peacemakers (os outros dois são testemunhar as alegrias e sofrimentos do mundo, e ação que surge do não saber e do testemunhar). Um de meus professores Zen, Robert Aitken, gostava de dizer que nossa tarefa não é desvendar o mistério, mas torná-lo claro. O caminho espiritual não é vir a entender tudo, mas abrir-se para vivenciar um mundo sagrado e misterioso, onde tudo está mudando, quer percebamos ou não. Os bodisatvas acessam esse mistério não ao apreendê-lo para nele repousar serenamente, mas ao serem tomados por ele. Eles manifestam algo maior que seus egos.

Esse mistério estupendo não é debilitante, mas fortalecedor, pois nos liberta do dogmatismo e de outras ideias fixas sobre nós mesmos e o mundo. "O problema não é o que não sabemos, mas o que sabemos que não é assim" (Josh Billings). Fazemos o melhor que podemos em resposta ao melhor que sabemos, embora nunca saibamos com certeza o que está acontecendo ou o que é possível. Cresci em um mundo definido pela Guerra Fria entre o Ocidente e o bloco soviético, que todos consideravam natural, até o comunismo desabar abruptamente em quase todos os lugares. Algo semelhante ocorreu com o apartheid sul-africano logo a seguir.

Mais tarde, podemos sempre encontrar uma cadeia de causas que revelam que aqueles eventos eram inevitáveis – mas isso é em retrospectiva. Se nem mesmo sabemos o que está acontecendo agora, como saber o que é possível, até tentarmos?

Isso aponta para o significado mais profundo do desapego aos resultados. Nossa tarefa é fazer o melhor que pudermos, sem saber qual serão as consequências – sem saber se nossos esforços farão alguma diferença que seja. Será que já ultrapassamos os pontos de inflexão ecológica e a civilização como a conhecemos está condenada? Não sabemos e está bem assim. É claro que esperamos que nossos esforços deem frutos, mas por fim eles são nosso presente para a Terra, grátis.

Não sabemos se o que fazemos é importante, mas sabemos que para nós é importante fazê-lo. "Não se assuste com a enormidade da dor do mundo. Aja com justiça agora. Ame a misericórdia agora. Ande humildemente agora. Não é sua responsabilidade terminar o trabalho [de *Tikkun olam*, cura do mundo], mas tampouco você é livre para desistir dele". A declaração famosa do Rabino Tarfon está na Mishná judaica, e o fato de que é encontrada em outro texto religioso não é coincidência. Agir sem apego a resultados é muito difícil para a maioria de nós, talvez impossível, a menos que se tenha algum alicerce espiritual. Aqueles comprometidos com o ativismo precisam de paciência, perseverança, serenidade e insight que o caminho do bodisatva cultiva, junto com as outras moradas divinas, inclusive a empatia básica e a alegria no bem-estar dos outros. E, eu acrescentaria, tudo isso baseado na gratidão por nosso tempo juntos, como uma das espécies criadas por este planeta deslumbrante.

Claro, estar tão desapegado do resultado de nossos esforços é definir um padrão irrealisticamente alto. Talvez ninguém seja capaz de incorporar totalmente a prática dupla do bodisatva, assim como a prática pessoal das seis perfeições do bodisatva nunca será perfeita. E isso está bem também. Nosso trabalho não é ser perfeito, mas fazer o melhor que pudermos.

Em conclusão, eu me pergunto se o caminho do bodisatva não será a contribuição mais importante do budismo para nossa situação atual. Será que hoje a própria Terra está nos convocando, a todos, para nos tornarmos bodisatvas/ecosatvas?

Posfácio

Uma espécie pródiga?

Talvez a parábola mais conhecida de Jesus seja a história do filho pródigo. Quando nos lembramos disso, nossas mentes geralmente se voltam para o jovem penitente (nós) e o pai clemente (Deus) que o acolhe em casa. Mas esse é o fim da história. O filho errante é "pródigo" por causa da maneira como esbanjou sua herança: *pródigo*, afinal, significa "extravagante, perdulário, esbanjador, imprudente".

Uma espécie pode ser pródiga? A semelhança é difícil de ignorar. Segundo o *Global Forest Watch* (Observatório Mundial das Florestas), em apenas dois anos – 2015 e 2016 – o mundo perdeu árvores suficientes para cobrir quase 500.000 quilômetros quadrados, quase o equivalente à área da Espanha. Além da poluição e degradação da Terra mencionadas no capítulo 1, outros recursos naturais estão sendo exauridos, segundo um relatório de 2016 do *International Resource Panel* (Painel Internacional de Recursos) do Programa Ambiental da ONU. A co-presidente do IRP, Alicia Barcena Ibarra, enfatizou que "os padrões prevalentes de produção e consumo são insustentáveis". Essa "taxa alarmante [...] já está tendo um impacto grave na saúde humana e na qualidade de vida das pessoas". No entanto, a principal prioridade daqueles que controlam nossas instituições econômicas e políticas (que são realmente as duas faces de um sistema) permanece sendo o crescimento econômico incessante.

O filho pródigo saiu de casa para seguir seu próprio caminho no mundo, mas não sabia como administrar a herança que seu pai lhe havia concedido. Não é o mesmo com nossa herança – o que a Terra nos concedeu? O problema em ambos os casos não é apenas a falta de sabedoria mundana, mas a sensação delusiva de separação: sair de casa, literal ou psicologicamente. O jovem não percebia o quão afortunado tinha sido até que experimentou as consequências de suas aventuras esbanjadoras longe de casa. Felizmente para ele, não era tarde demais para perceber seu erro e reparar os danos. Podemos presumir que após seu retorno, ele passou a apreciar mais a família e o lar. Podemos esperar que ele tenha se tornado um sábio administrador da Terra, trabalhando para o bem-estar do todo.

Não sabemos se nossa história coletiva terá esse final feliz.

O senso de separação de nossa espécie pode ser compreendido de várias maneiras. Mitologicamente, pode ser rastreado até Adão e Eva: segundo o relato bíblico, eles foram expulsos do Jardim do Éden por desobedecer a Deus – sendo a divindade do Antigo Testamento mais punitiva do que o pai do filho pródigo. De uma perspectiva budista, no entanto, o mais interessante sobre esse relato é que comer o fruto proibido abriu os olhos, exatamente como a serpente previra. Percebendo que estavam nus, tornando-se autoconscientes, Adão e Eva costuraram folhas de figueira para se cobrir e se esconder de Deus. Será então que foram banidos do Jardim, ou expulsaram a si mesmos por se sentir separados dele? Será que foram de fato para outro lugar, ou apenas vivenciaram onde estavam de maneira diferente?

Seu mito pode ser visto como uma história sobre a transição da caça-coleta para a agricultura – a origem da civilização como a conhecemos. Deus os condena a um árduo trabalho de lavoura no solo, que produz mais prontamente espinhos e abrolhos. Uma maldição de fato: os povos caçadores-coletores geralmente trabalham menos e desfrutam de uma dieta mais saudável do que os agricultores. A agricultura envolveu mais mão de obra, mas criou um excedente e hierarquias de classes exploradoras que se apropriaram dele. Ela também significou uma transformação radical em nosso relacionamento com a Terra, comparável, em alguns aspectos, à diferença entre uma economia de oferenda e uma economia de troca. Existe a noção de que sociedades

POSFÁCIO

de caça-coleta pertencem à terra, enquanto a terra pertence a civilizações sedentárias para as quais ela se torna propriedade.

O relato da criação no Gênesis fornece a história de origem para todas as religiões abraâmicas. No primeiro capítulo da Bíblia, um Deus radicalmente transcendente cria os céus e a terra e todas as plantas e animais a serem governados por humanos. A Terra pode ser considerada sagrada, na medida em que Deus a criou, mas ela e suas criaturas são, no entanto, diferentes de Deus e também bastante diferentes de nossa espécie, que sozinha é "criada à imagem de Deus". Mais tarde, temos a promessa de eternidade em um lugar muito melhor, se nos comportarmos bem durante nossa breve estada aqui. Já está aí o dualismo ontológico que Loyal Rue identifica como encorajador da indiferença aos problemas sociais e ecológicos. Este mundo é desvalorizado como um pano de fundo para o drama mais importante do destino humano. Algumas versões do budismo oferecem uma história semelhante, ao compreender o nibbana como uma fuga transcendente do samsara, este mundo de sofrimento, desejo e delusão. Em ambos os casos, a alienação da Terra – não apenas nossa casa, mas nossa mãe – encoraja-nos a distinguir seu bem-estar do nosso.

Então o que acontece quando nossa crença em tais refúgios superiores evapora? Seria de se esperar uma revalorização do mundo secular que permanece; mas quando metade do dualismo ontológico desaparece, a outra metade não ocupa automaticamente o lugar vago. Como vimos, nosso mundo mecanicista pós-moderno permanece assombrado pelo desaparecimento de Deus, fonte de seu significado e valor – perda que nos deixou à deriva em um universo dessacralizado, alienados ainda de nossa casa-mãe.

O problema básico com a cosmovisão moderna, eu suspeito, é que ela não oferece solução para nosso maior medo: a morte. O ponto do dualismo ontológico – por que ele é tão atraente – é que oferece a possibilidade de salvação *post mortem*. Um universo secular que opera de acordo com leis físicas impessoais não se preocupa conosco e com nosso destino. Em tal mundo, a morte não é a abertura para outra realidade, é apenas o fim desta. Infelizmente, nossa incapacidade de aceitar a mortalidade também é nossa incapacidade de viver plenamente aqui e agora.

Se assim for, vemos novamente que a crise ecológica não é apenas uma questão política, econômica ou tecnológica, mas também espiritual, na medida em que nosso relacionamento com a morte é uma questão espiritual. A nível individual, o tipo de transformação evocada tem sido essencial ao budismo desde o início. O Buda saiu de casa porque encontrou um homem velho, um doente e, em seguida, um cadáver. A nível coletivo, está se tornando cada vez mais aparente que os crescentes desafios sociais e ecológicos que enfrentamos hoje exigem nada menos do que um novo desenvolvimento na evolução cultural humana.

Ao longo da maior parte de nossa história, a sobrevivência tem sido naturalmente a preocupação principal, o que significa que a ganância, a hostilidade e a delusão do ego tiveram uma função evolutiva: esses atributos foram selecionados, pois ajudaram a levar os genes de alguém à próxima geração. Em um mundo globalizado pós-moderno, com ecossistemas cada vez mais ameaçados, essas motivações tornaram-se contraproducentes, contudo continuamos obcecados com o crescimento econômico/lucro, militarismo e o tribalismo em várias formas. É comparável ao nosso novo problema com a comida: até recentemente, a ameaça constante para a maioria das pessoas era a desnutrição, se não fome, mas nos países desenvolvidos o maior problema agora é a obesidade. Precisamos de mais e diferentes motivações não-duais, individual e coletivamente, e isso exige que nos descondicionemos e recondicionemos.

Isso nos leva a outra história de filho pródigo, encontrada na mais influente das escrituras budistas do leste asiático – o Sutra de Lótus.

A versão da parábola do Sutra de Lótus é mais complexa. Nela pai e filho se separam; o filho vagueia aqui e ali e, com o tempo, torna-se pobre. Nesse meio tempo, seu pai muda-se para outra cidade, onde se torna rico e respeitado. As andanças do filho, passado um tempo, trazem-no à propriedade do pai. O pai reconhece seu filho e envia servos para trazê-lo, mas o filho não reconhece o pai, agora eminente, e foge assustado. Entendendo a vergonha e o medo do filho, o pai envia seus servos, agora disfarçados de trabalhadores braçais, para lhe oferecer um emprego na propriedade, removendo esterco. Quando o filho fica confortável com esse trabalho, o pai instrui seus servos a gradualmente dar-lhe mais responsabilidades, até, anos depois, o filho administrar a propriedade toda. Finalmente, quando o pai está prestes a morrer, reúne seus amigos e conhecidos para revelar-lhes, e ao rapaz, que este é realmente seu filho, a quem deixa todos os seus bens. O sutra explica que o pai rico é na verdade o Buda, e nós somos seus filhos, herdeiros de seu tesouro inesgotável.

O ponto dessa história é que todos nós temos natureza-Buda e somos destinados a nos tornar budas. A parábola bíblica é sobre o bem e o mal: pecado, arrependimento e absolvição. O pai acolhe o filho com alegria, tudo está perdoado e a reconciliação é imediata. A versão do Sutra de Lótus é sobre delusão e despertar: o filho não sabe quem ele realmente é, devendo transformar-se a fim de realizar sua verdadeira natureza e manifestar esse destino exaltado.

Será essa versão budista uma parábola melhor para nossa espécie pródiga? Para nós não é suficiente voltar para casa penitentemente – devemos perceber que a Terra é muito mais do que um lugar onde residimos por acaso, mas é nossa mãe, e que nunca cortamos o cordão umbilical. Nosso relacionamento tenso com a biosfera não pode ser retificado tão facilmente quanto aquele entre o filho arrependido e seu pai todo-clemente. Há um trabalho sério a fazer a fim de curar o que foi danificado e curar nosso relacionamento com a biosfera. Isso também nos curará?

Para nos tornarmos a espécie de que a Terra precisa – criaturas que não são apenas autoconscientes, mas conscientes de que somos o modo como a Terra se torna autoconsciente – precisamos abraçar o novo caminho do bodisatva, que une transformação individual e social. Isso envolve práticas contemplativas de desconstrução e reconstrução de nosso senso de eu, a serviço do engajamento social e ecológico. Fazer o melhor que pudermos é nosso presente para a Terra – na verdade, visto que nossa espécie é uma de suas muitas formas de se manifestar, é realmente o presente da Terra para si mesma.

O Sutra de Lótus fala de bodisatvas brotando da terra para pregar o Darma. É hora de ecosatvas surgirem da Terra para manifestar o Darma que a defende e cura.

Apêndice 1:
A hora de agir é agora
Uma Declaração Budista sobre a Mudança Climática

A declaração a seguir foi publicada pela primeira vez em 2009, no site ecobu-
ddhism.org. Foi composta como uma declaração pan-budista pelo professor Zen Dr.
David Tetsu'un Loy e o veterano mestre Theravada, Venerável Bhikkhu Bodhi,
com a contribuição científica do Dr. John Stanley. Sua Santidade, o Dalai Lama,
foi o primeiro a assinar esta declaração.

Hoje vivemos em um momento de grande crise, confrontados pelo mais grave desafio que a humanidade já enfrentou: as consequências ecológicas de nosso próprio carma coletivo. O consenso científico é esmagador: a atividade humana está provocando o colapso ambiental em escala planetária. O aquecimento global, em particular, está acontecendo muito mais rápido do que previsto antes, mais visivelmente no Polo Norte. Por centenas de milhares de anos, o Oceano Ártico foi coberto por um uma área de gelo marinho tão grande quanto a Austrália – mas agora está derretendo rapidamente. Em 2007, o Painel Intergovernamental sobre Mudanças Climáticas (IPCC) previu que em 2100 o Ártico poderá estar sem nenhum gelo marinho de verão. Agora é visível que isso poderia ocorrer dentro de uma ou duas décadas. A vasta camada de gelo da Groenlândia também está derretendo mais rápido do que esperado. O aumento no nível do mar neste século será de pelo menos um metro – suficiente para inundar muitas cidades costeiras e áreas vitais para o cultivo de arroz, como o delta do Mekong, no Vietnã.

As geleiras em todo o mundo estão diminuindo rapidamente. Se as atuais políticas econômicas continuarem, as geleiras do Platô Tibetano, nascente dos grandes rios que fornecem água para bilhões de pessoas na Ásia, provavelmente desaparecerão em meados deste século. Secas severas e quebras de safra já estão afetando a Austrália e o norte da China. Os relatórios principais do IPCC, das Nações Unidas, União Europeia e União Internacional pela Conservação da Natureza concordam que, sem uma mudança coletiva de direção, o declínio do suprimento de água, comida e outros recursos, pode criar condições de fome, batalhas por recursos e migração massiva em meados do século, talvez em 2030, segundo o primeiro-conselheiro científico do Reino Unido. O aquecimento global desempenha um papel crucial em outras crises ecológicas, inclusive na perda de muitas espécies de plantas e animais que compartilham esta terra conosco. Oceanógrafos relatam que metade do carbono liberado pela queima de combustíveis fósseis foi absorvida pelos oceanos, aumentando sua acidez em cerca de 30%. A acidificação está perturbando a calcificação de conchas e recifes de coral, bem como o crescimento do plâncton, fonte da cadeia alimentar da maior parte da vida no mar.

Biólogos eminentes e relatórios da ONU concordam que os "negócios como de costume" levarão a metade de todas as espécies da Terra à extinção neste século. Coletivamente, estamos violando o primeiro preceito – "não prejudique a vida de seres" – na maior escala possível. E não podemos prever as consequências biológicas para a vida humana, quando tantas espécies que contribuem invisivelmente para nosso próprio bem-estar desaparecerem do planeta.

Muitos cientistas concluíram que a sobrevivência da civilização humana está em jogo. Chegamos a um momento crítico em nossa evolução biológica e social. Nunca houve um momento mais importante na história para concentrar os recursos do budismo em nome de todos seres vivos. As quatro Nobres Verdades fornecem uma estrutura para o diagnóstico de nossa situação atual e a formulação de diretrizes adequadas – pois afinal as ameaças e desastres que enfrentamos derivam da mente humana e, portanto, exigem mudanças profundas em nossas mentes. Se o sofrimento pessoal provém de desejo e ignorância – dos três venenos da ganância, hostilidade e delusão – o mesmo se aplica ao sofrimento que nos aflige em escala coletiva. Nossa emergência ecológica é uma versão mais ampla da perene situação humana. Como indivíduos e também como espécie, sofremos de um senso de identidade que se vivencia como desconectado não apenas de outras pessoas, mas da própria Terra. Como disse Thich Nhat Hanh: "Estamos aqui para despertar da ilusão de nossa separação". Precisamos acordar e perceber que a Terra é nossa mãe, assim como nosso lar e, neste caso, o cordão umbilical que nos liga a ela não pode ser cortado. Quando a Terra adoece ficamos doentes, pois somos parte dela.

Nossas atuais relações econômicas e tecnológicas com o resto da biosfera são insustentáveis. Para sobreviver às duras transições à frente, nossos estilos de vida e expectativas devem mudar. Isso envolve novos hábitos, bem como novos valores. O ensinamento budista de que a saúde geral do indivíduo e da sociedade depende de bem-estar interior, e não apenas de indicadores econômicos, ajuda-nos a determinar as mudanças pessoais e sociais que devemos fazer.

Individualmente, devemos adotar comportamentos que aumentem a consciência ecológica e reduzam nossa "pegada de carbono". Quem estiver em economias avançadas precisa reformar e isolar termicamente suas casas e seus locais de trabalho para eficiência energética; abaixar termostatos no inverno e subi-los no verão; usar lâmpadas e eletrodomésticos de alta eficiência; desligar aparelhos elétricos não utilizados; conduzir o carro mais eficiente possível em termos de combustível; e reduzir o consumo de carne em favor de uma dieta saudável que não agride o meio ambiente, à base de plantas.

Essas atividades pessoais não serão, por si sós, suficientes para evitar calamidades futuras. Devemos também fazer mudanças institucionais, tanto tecnológicas quanto econômicas. Devemos "descarbonizar" nossos sistemas de energia o mais rápido possível, substituindo os combustíveis fósseis por fontes de energia renovável que sejam ilimitadas, benignas e harmoniosas com a natureza. Temos especialmente de deter a construção de novas usinas de carvão, já que o carvão é de longe a fonte mais poluente e perigosa de carbono atmosférico. Utilizadas com sabedoria, a energia eólica, a energia solar, a energia das marés e a energia geotérmica podem fornecer toda a eletricidade de que necessitamos, sem danificar a biosfera. Visto que um quarto das emissões mundiais de carbono resulta do desmatamento, devemos reverter a destruição de florestas, especialmente o cinturão de floresta tropical vital, onde vive a maioria das espécies de plantas e animais.

Recentemente tornou-se bastante óbvio que mudanças significativas são também necessárias na forma como nosso sistema econômico está estruturado. O aquecimento global está intimamente relacionado com as quantidades gigantescas de energia que nossas indústrias devoram para fornecer os níveis de consumo que muitos de nós aprendemos a esperar. De uma perspectiva budista, uma economia sã e sustentável seria governada pelo princípio de suficiência: a chave para a felicidade é contentamento, em vez de uma abundância cada vez maior de bens. A compulsão de consumir mais e mais é uma expressão de desejo — exatamente o que o Buda identificou como a causa raiz do sofrimento.

Em vez de uma economia que enfatiza o lucro e exige crescimento perpétuo para evitar o colapso, precisamos nos mover juntos em direção a uma economia que forneça um padrão de vida satisfatório para todos, permitindo-nos ao mesmo tempo desenvolver todo nosso potencial (inclusive espiritual) em harmonia com a biosfera que sustenta e nutre todos os seres, inclusive as gerações futuras. Se os líderes políticos são incapazes de reconhecer a urgência de nossa crise global, ou não querem colocar o bem a longo prazo da humanidade acima do benefício de curto prazo das corporações de combustíveis fósseis, podemos ter de desafiá-los com campanhas sustentadas de ação cidadã.

O Dr. James Hansen da NASA e outros climatologistas definiram recentemente as metas exatas necessárias para impedir que o aquecimento global atinja "pontos de inflexão" catastróficos. Para a civilização humana ser sustentável, o nível seguro de dióxido de carbono na atmosfera é não mais do que 350 partes por milhão (ppm). Esse alvo foi endossado pelo Dalai Lama, junto com outros ganhadores do premio Nobel e cientistas ilustres. Nossa situação atual é particularmente preocupante, pois o nível atual já é 387 ppm, e tem subido em 2 ppm por ano [412,6 ppm em maio de 2018]. Somos desafiados a não apenas reduzir as emissões de carbono, mas também remover grandes quantidades de gás carbônico já presentes na atmosfera.

Como signatários desta declaração de princípios budistas, reconhecemos o desafio urgente das mudanças climáticas. Juntamo-nos ao Dalai Lama para endossar a meta de 350 ppm. De acordo com os ensinamentos budistas, aceitamos nossa responsabilidade individual e coletiva de fazer tudo o que pudermos para cumprir essa meta, inclusive (mas não apenas) as ações pessoais e sociais descritas acima.

Temos uma breve janela de oportunidade para agir, para preservar a humanidade de um desastre iminente e ajudar a sobrevivência das muito diversas e belas formas de vida na Terra. As gerações futuras, assim como as outras espécies que compartilham a biosfera conosco, não têm voz para pedir por nossa compaixão, sabedoria e liderança. Devemos ouvir seu silêncio. Precisamos também ser a voz delas e agir em seu nome.

Apêndice 2:

Dezesseis Princípios Fundamentais do Darma para enfrentar a mudança climática

da One Earth Sangha

Os seguintes princípios do Darma se aplicam diretamente à questão do desarranjo climático:

1. *Reverência pela vida:* Deste ponto em diante, o desarranjo climático é o contexto predominante para toda a vida na Terra, inclusive os humanos. O que nós, humanos, fizermos determinará como, onde e em que formas a vida sobreviverá e prosperará.

2. A *felicidade provém de ajudar o próximo:* Nossa maior felicidade pessoal surge quando nos damos e ajudamos os outros. Por exemplo, muitas pessoas ajudam instintivamente os vizinhos após um desastre natural, o que indica que o altruísmo e o desejo de ajudar estão embutidos em nossos genes. Devemos cultivar e aplicar isso para os marginalizados entre nós que são, pelo menos inicialmente, os mais atingidos pelo desarranjo do clima. Isso é exatamente o oposto da ganância e do egocentrismo que predominam hoje.

3. *Sofremos quando nos apegamos:* A própria natureza da felicidade depende de nossa capacidade de abandonar os apegos e ajudar os outros. Esse mesmo princípio deve agora ser elevado e aplicado a políticas públicas de todos os tipos.

4. *O imperativo ético:* Todos os seres são importantes. Devemos agir de maneiras que sejam benéficas para nós e os outros, a partir de um compromisso com o altruísmo e a compaixão.

5. *Interconexão e interdependência:* Devemos dissolver a reificação de outras pessoas e da natureza, superando a crença em um eu separado, o que nos leva a um senso de parentesco. Ademais, enquanto abandonamos a delusão de um eu individual separado de outras pessoas, devemos abandonar a delusão de que a humanidade está separada do resto da biosfera. Nossa interdependência com a terra significa que não podemos buscar nosso próprio bem-estar às custas do bem-estar dela. Quando os ecossistemas da terra se tornam doentes, o mesmo acontece com nossos corpos e nossas sociedades.

6. *Renúncia e simplicidade:* Para resolver o desarranjo climático, devemos estar dispostos a renunciar ao apego a coisas que contribuem para o problema e viver de forma mais simples.

7. *A relação entre a primeira e a segunda nobre verdade e a capacidade para aprender a trabalhar com estados angustiantes:* Devemos compreender o sofrimento que criamos, simbolizado pelo desarranjo climático, e como ele se originou, sendo que podemos aprender a não nos identificar com ele e, em vez disso, trabalhar os estados angustiantes, como medo e desespero.

8. *Abertura ao sofrimento como veículo para o despertar:* O sofrimento causado pelo desarranjo climático fornece uma oportunidade sem precedentes para os humanos aprenderem com seus erros individuais e coletivos e manifestarem um grande despertar. É uma oportunidade especial como nunca antes. Podemos encontrar maneiras de ser felizes – podemos "cuidar e acolher" em vez de lutar (entre nós), fugir ou congelar. Podemos reconhecer que é assim que as coisas são agora, abrindo-nos para o sofrimento em vez de nos apegar, e pensar e agir de novas maneiras.

9. *A interconexão do interno e do externo, do indivíduo e do coletivo (ou institucional):* O desarranjo climático fornece uma oportunidade sem precedentes para compreendermos as raízes do problema – que se relacionam com a maneira como nossas mentes funcionam, e como es-

ses padrões tornam-se incorporados às práticas e políticas coletivas e coletivo-institucionais. Essa consciência pode abrir a porta para novas formas de pensar e responder que acabarão por produzir diferentes práticas e políticas institucionais.

10. *Conexão com questões de diversidade e justiça:* Os princípios e narrativas do Darma também devem se aplicar a questões de diversidade, inclusão social e justiça. As crenças na separação e assim por diante que produziram a crise climática também levam à desigualdade social e à exclusão. Pessoas da maioria global e de outros grupos marginalizados devem ser incluídas.

11. O *budismo como agente de mudança social:* Os princípios do budismo nos ajudam a mergulhar na vida, não a nos afastar dela. O Buda estava ativamente envolvido com seus contextos sociais e culturais, e para o budismo ter relevância hoje, deve ajudar as pessoas a compreenderem como se engajar nos contextos políticos e sociais de hoje.

12. Adhitthana *ou determinação:* Somos chamados a desenvolver firmeza, determinação e esforço heroico agora. Devemos ter a coragem de perceber que estamos sendo chamados a nos envolver nessa questão, e que viver o Darma nos ajudará a atravessar tempos difíceis.

13. *Este precioso nascimento humano é uma oportunidade:* Devemos sempre lembrar que nascer como humano é uma coisa rara e preciosa, e que recebemos a rara oportunidade de atuar como cuidadores porque os humanos não são apenas fonte de destruição – somos também fonte de grande bondade.

14. O *amor é o maior motivador:* Nossa ação mais profunda e poderosa vem do amor por esta terra e de uns pelos outros. Quanto mais pessoas puderem se conectar e sentir amor pela terra, maior será a probabilidade de que seus corações sejam movidos a ajudar a prevenir o dano. Portanto as crianças devem ser uma prioridade. Precisamos ajudar as pessoas a perceberem o que amam na vida e o que será perdido conforme aumenta o desarranjo climático.

15. *A Sanga e outras formas de apoio social são essenciais:* A realidade do desarranjo climático é um choque profundo para muitas pessoas, e a única maneira de minimizar ou impedir respostas de luta, fuga e conge-

lamento, é serem apoiadas e trabalhar com outros, para que as pessoas não se sintam sozinhas, possam superar o desespero e desenvolver soluções coletivas. Precisamos empreender essa jornada juntos, compartilhando nossas reações difíceis e experiências positivas, em grupos e comunidades.

16. *O bodisatva:* A figura do bodisatva, imagem unificadora de alguém que se dedica a cultivar a profundidade interior e a ajudar os outros, é inspiradora para nossos tempos.

(de ONEEARTHSANGHA.ORG/ARTICLES/16-PRINCIPLES)

Apêndice 3:
Caindo na real sobre a mudança climática
Passos Simples e Práticos

O DISCURSO ATUAL sobre mudança climática entre "progressistas" gira com frequência em torno de dois temas, dependendo de como eles se posicionam:

. Os progressistas espirituais (inclusive muitos professores budistas) dizem que, para deter a mudança climática, precisamos de um "despertar espiritual da humanidade", "a iluminação de todos os seres", o "surgimento de uma humanidade divina".

. Os progressistas políticos dizem que precisamos mudar toda a economia política, substituindo o capitalismo por um novo sistema social e econômico.

Embora ambos os objetivos sejam desejáveis, são eles soluções realistas para a crise climática imediata? Isso parece improvável:

. É improvável que a humanidade passe por um renascimento espiritual dramático no curto tempo que nos resta, enquanto mais e mais nações procuram embarcar no caminho do desenvolvimento econômico, queimando combustíveis fósseis.

. É provável que as transformações em nosso sistema social e econômico ocorram gradualmente e exijam um longo período de tempo para que seu impacto seja sentido.

No entanto, enfrentamos uma situação de extrema urgência:

. Urgente pelo que está em jogo: extinções em massa, fome, secas, inundações e epidemias; conflitos traumáticos de cunho étnico, religioso e fronteiriço; a perda da civilização humana.

. Urgente porque a janela de oportunidade está se fechando: temos, na melhor das hipóteses, apenas vinte ou trinta anos para reduzir as emissões de carbono em 80 por cento; mais ainda, para estar do lado seguro, devemos ter como objetivo a redução em 100 por cento até 2040. E estamos avançando nessa direção muito lentamente, se é que avançamos.

Para sair intactos, temos de cair na real. Pessoas espirituais e progressistas, em particular, devem ser práticas e realistas. Então o que podemos fazer que seja simples, prático e realista, embora de forma nenhuma fácil?

I. PARA ABSTER-SE DE TODO MAL (Aplicar punição)

1. *Impor uma moratória* à extração de combustível fóssil: nem mais uma privatização de terras públicas, perfuração costeira, mineração em montanhas. Manter os combustíveis fósseis no solo, nas colinas e nos mares.

2. *Rescindir subsídios* a empresas de combustíveis fósseis.

3. *Impor um imposto sobre o carbono* para garantir que os custos ambientais sejam incorporados ao preço de mercado do carbono; distribuir a receita à população.

4. *Rejeitar acordos comerciais* que permitem que as empresas prevaleçam sobre governos soberanos.

5. *Rejeitar mega oleodutos:* embora a Keystone XL tenha desaparecido, outras linhas de tubulação estão sendo construídas dentro do país [Estados Unidos].

6. *Proibir trens de petróleo* ["trens-bomba"] – um perigo para as comunidades ao longo das rotas.

7. *Afastar-nos de um modelo de agricultura industrial* responsável por 30-32 por cento das emissões globais de carbono.

II. PARA CULTIVAR O BEM (oferecer "cenouras")

1. *Fornecer subsídios* e empréstimos a juros baixos para projetos de *energia limpa e renovável.*

2. Financiar a *reforma de edifícios antigos* para torná-los eficientes quanto à energia.

3. Promover a produção em massa de *carros elétricos e híbridos.*

4. Desenvolver mais *e melhor transporte público* para substituir os carros particulares.

5. Promover *modelos agroecológicos* para substituir a agricultura industrial.

6. Mudar para *dietas mais favoráveis ao clima* (à base de plantas, em vez de carnes).

III. PARA PURIFICAR A PRÓPRIA MENTE

1. Promover *contentamento e simplicidade,* base para uma economia estável fundada no princípio da suficiência e dedicada ao crescimento qualitativo, em vez de produção e consumo infinitos.

2. Utilizar a sabedoria enraizada na sutil interconexão de diversas cadeias de causalidade, para compreender as consequências de longo alcance e longo prazo de nossas ações.

3. Despertar o coração de *compaixão,* estendendo a preocupação amorosa a todas as pessoas em todos os lugares, com base em profunda identificação interior e afirmação da dignidade humana.

4. Defender a *justiça* para estabelecer leis e instituições sociais, econômicas e políticas, permitindo que todos desenvolvam seu potencial e realizem suas aspirações.

IV. PARA BENEFICIAR TODOS OS SERES SENCIENTES. Como?

1. *Vote:* embora o sistema político seja muito falho, as eleições podem fazer a diferença. Vote apenas em candidatos

que admitam a mudança climática causada pelos seres humanos e estejam dispostos a agir contra ela.

2. *Escreva e* assine: escreva cartas para seus representantes, senadores, e outros. Ligue para seus escritórios e assine petições e apelos a serem enviados a eles. A ação local pode ser mais eficaz.

3. *Apoie pequenas empresas familiares:* mova seu dinheiro, proteja nosso planeta; não invista em corporações de combustíveis fósseis e empresas relacionadas.

4. *Mexa-se:* participe de marchas e demonstrações para transmitir uma mensagem aos que estão no poder. Mexa-se de outra maneira também: junte-se a um movimento de proteção ao clima, por exemplo, BCAN, 350.org, Mobilização do Clima, Greenpeace, Next System Project.

5. *Realize ações diretas:* trabalhe para bloquear projetos que destroem o clima, como plataformas de petróleo, oleodutos e locais de fracking, por exemplo. Cuidado com os riscos de longas penas de prisão e multas pesadas.

(preparado pelo Venerável Bhikkhu Bodhi, 2016)

Apêndice 4:
Os votos de Ecosatva

JURO PARA MIM MESMO e para cada um de vocês:

Comprometer-me diariamente com a cura de nosso mundo
e o bem-estar de todos os seres.

Viver na terra com mais leveza e menos violência
em termos da comida, produtos e energia que consumo.

Obter força e orientação da Terra viva,
de nossos ancestrais, das gerações futuras,
e de meus irmãos e irmãs de todas as espécies.

Apoiar outros em nosso trabalho em prol do mundo
e pedir ajuda quando eu precisar.

Seguir uma prática diária
que clarifique minha mente, fortaleça meu coração,
e me apoie no cumprimento desses votos.

— de *Esperança Ativa: como encarar o caos em que vivemos sem enlouquecer,* de
Joanna Macy e Chris Johnstone, Bambual Editora, 2020.

Rocky Mountain Ecodharma Center

Apêndice 5:
O Rocky Mountain Ecodharma Center (Centro de Retiros de Ecodarma das Montanhas Rochosas)

Um lar para meditação na Natureza

INSPIRADO PELO CENTRO *ECODHARMA* na Espanha, mas não afiliado a ele, o *Rocky Mountain Ecodharma Retreat Center* (RMERC) é um novo centro de darma, inaugurado no verão de 2017. De carro, fica a meia hora do norte de Boulder e cerca de noventa minutos do Aeroporto Internacional de Denver. O centro inclui um alojamento (que pode acomodar até trinta pessoas), um pavilhão coberto e uma cabana de zelador, em 180 hectares privados de rio, prados e bosques adjacentes a uma floresta nacional. A apenas alguns quilômetros do *Indian Peaks Wilderness* e com vistas deslumbrantes das Montanhas Rochosas, a área foi estabelecida como reserva natural e lar para uma abundância de vida selvagem que inclui veados, cervos, alces, ursos e castores.

O RMERC traz os ensinamentos e práticas budistas de volta ao mundo natural onde se originaram, ajudando os praticantes a recuperarem a conexão e energia necessárias para lidar efetivamente com desafios ecológicos e sociais. A ênfase está em aprender com a natureza, descobrindo-nos a nós mesmos em um ambiente selvagem. As atividades incluem:

. Retiros de ecodarma e workshops para ativistas, usando o poder curativo da meditação na natureza para enraizar e transformar o ativismo em um caminho espiritual de serviço à comunidade e à terra.

. Retiros de baixo custo, oferecidos no espírito de generosidade, com professores recebendo apenas despesas e doações (*dana*).

. Retiros silenciosos de meditação em grupos, assim como solitários assistidos. Todas as tradições de prática espiritual são bem-vindas, e as sangas locais são incentivadas ausar o RMERC para retiros de um dia e de fins de semana, bem como para retiros mais longos.

. Retiros e outras atividades para comunidades carentes, inclusive da maioria global, grupos de veteranos, jovens e outros que historicamente suportaram (ou suportarão) o impacto da devastação ecológica e socioeconômica, e que estão muitas vezes à frente do ativismo espiritualmente enraizado.

Saiba mais em www.rockymountainretreatcenter.org

Para mim nesta época sombria, Rocky Mountain Ecodharma Retreat Center será um farol brilhante em que posso confiar. Vejo-o oferecendo o que mais precisamos: a liderança inspirada de professores comprometidos, um cenário de montanha selvagem para despertar nosso próprio poder e beleza, o amadurecer de uma Sanga que cultive uma visão norteadora para nosso povo e a força para torná-la real.

– JOANNA MACY

Agradecimentos e Créditos

Em primeiro lugar, obrigado mais uma vez a Josh Bartok, Ben Gleason, Lindsay D'Andrea – e às outras pessoas gentis da *Wisdom Publications*, por todo seu trabalho, trazendo este projeto à fruição. Pude escrever este livro sem me preocupar com os frutos de meu esforço, pois sabia que depois ele estaria em suas mãos muito capazes.

Há muitos outros a quem agradecer também, começando por Joanna Macy, Bhikkhu Bodhi e Guhyapati, três dos grandes ecosatvas de nosso tempo. Joanna formulou os "Votos de Ecosatva", e Bhikkhu Bodhi reuniu os "Passos Simples e Práticos". Guhyapati é o fundador do Centro *Ecodharma* na Espanha. Os "Dezesseis Princípios Fundamentais do Darma" foram compilados pela Cooperativa dos Professores de Darma pelo Clima. Mais contribuições deles (e outros) estão disponíveis em *oneearthsangha.org*, site da One Earth Sangha, fundada por Kristin Barker e Lou Leonard.

"A hora de agir é agora: uma declaração budista sobre a mudança climática" apareceu pela primeira vez no site *ecobuddhism.org*. Sou especialmente grato a John e Diane Stanley, que o criaram e mantiveram. Junto com Gyurje Dorme e eu, John também co-editou *Uma Resposta Budista à Emergência Climática,* livro à frente de seu tempo. Também quero expressar minha gratidão pelas contribuições de outros membros da diretoria do novo Rocky Mountain Ecodharma Retreat Center: especialmente o diretor executivo, Johann Robbins, que fez a maior parte do trabalho, mas também Kritee Kanko, Peter Williams, Russ Hullet, Anne Kapuscinski e Jeanine Canty. Janine Ibbotson e Alice Robbins também fizeram muito para iniciar o centro.

Muitos outros contribuíram (às vezes sem saber) para a gestação deste livro e/ou o desenvolvimento do ecodarma. Além dos acima mencionados, e todos aqueles que contribuíram para *Uma Resposta à Emergência Climática,* uma profunda reverência a Jon Aaron, Elias Amidon, David Bachrach, Rob Burbea, Lloyd Burton, Angels Canadell, David Chernikoff, Grant Couch, Ron Davis, Sherry Ellms, Gil Fronsdal, Belinda Griswold, Patrick Groneman, Joan Halifax, Dawn Haney, Fletcher Harper, Robert Ho, Jeff Hohensee, Vince Horn, Mushim Ikeda, Chris Ives, Ken Jones, Stephanie Kaza, Terry Kinsey, Robert Kolodny, Taigen Dan Leighton, Michael Lerner, Katie Loncke, Zenju Earthlyn Manuel, Willa Miller, Susan Murphy, Rod Owens, Anne Parker, Jordi Pigem, Ron Purser, Elizabeth Roberts, Alice Robison, Marcia Rose, Donald Rothberg, Santikaro, Alan Senauke, Henry Shukman, Mu Soeng, Emma Stone, Bonnie Sundance, Thanasanti, Thanissara, Daniel Thorson, Jesus Blas Vicens, Jon Watts, angel Kyodo Williams, Jason Wirth, Janey Zietlow... com desculpas a todos aqueles cujos nomes estou esquecendo.

E por último, mas certamente não menos importante, agradeço novamente Linda Goodhew por compartilhar sua vida comigo, cuidando de mim enquanto este livro estava sendo escrito – e em outras ocasiões também

Os tradutores

Ao fazer o curso "Ecodharma" com David Loy e Kritee Kanko, percebi a importância de ter este livro publicado também em português, para que muitas pessoas mais pudessem acessar. E assim surgiu mais um projeto de cotradução com Eishin Sensei, que alegria! A parceria com a Bambual veio em seguida, como uma luva. Entender a fundo nossa crise ecológica – e buscar um ativismo compassivo – é para mim o que de mais importante podemos fazer com nossas vidas nesta década decisiva.

MONJA TCHOREN

A tradução desta obra tão importante para investigar o encontro do budismo com a maior crise já enfrentada pela humanidade foi para mim um feliz aprendizado em cooperação e renascimento. Cada frase ou expressão, cada contexto solidariamente considerados entre tradutores, autor, editora e artista gráfica aprofundaram meu entendimento do Ecodarma como budismo engajado e como objeto (livro), renascido em linguagem nova nas chamas dessa ameaçadora e ameaçada civilização agora-global.

JOSÉ EISHIN SENSEI